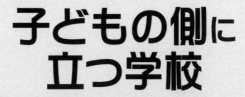

子どもの側に
立つ学校

生活教育に根ざした主体的・
対話的で深い学びの実現

岐阜市立長良小学校 企画・編集協力
山住勝広 編著

北大路書房

『子どもの側に立つ学校』刊行によせて

長良小学校の伝統文化

　長良小学校には，昭和9年に岐阜県師範学校が長良の地に移り，その代用附属校になって以来連綿と受け継がれている二つの学校文化があります。一つは，「教科に生きる」という教師観であり，もう一つは，「子どもの側に立つ」という指導観です。

　校長として長良小学校に勤務して強く感じているのは，こうした伝統文化がある学校の強みです。長良小学校では節目となる年ごとに記念誌を作成しています。その記念誌には，かつて長良小学校に勤務した教員たちの次のような言葉が掲載されています。

- 教育は子どもたちのためにやること。子どもたちは，自分たちで自分たちの幸せをつくっていかない限り，幸せになれない。だから，どんなよいことでも，抑えつけるというのではなく，子どもたち自身の足場でつくっていけるようにしていきたい。
- 教育は，指導者による感化力がすべてである。教師の資質・能力と指導力に共感し，共鳴して育つものである。また，教師とは「教える道を説く」ということであるから，自分が育たないと道は見えてこない。即ち，学び育つ教師のみが教える価値がある。
- 教科を研究し，精通するということは，教え授けるという教授ではない。学ぶことの楽しさを味わわせ，子どもたちが学びたいという気持ちになって，学習は前向きになっていく。学ぶのは子どもである。子ども自身が，学びの世界へ入り込んでいくという条件づくりをしてもらいたい。
- 教科は閉ざされた世界ではない。子どもの全生活に響いていくものに名づけて教科という。

　長年にわたる真摯な教育実践の中で確立されたこうした学校の教育観に日々対峙する中で，長良小学校で勤務する教員は切磋琢磨して自分を向上させていくことができます。

もう一方で私が抱いているのは，こうした伝統文化が形式化していくことに対する危機感です。記念誌には，歴代校長の次のような言葉も掲載されています。

- 伝統とは，一人一人の何かにかける思いと情熱が積み重ねられ，それを後輩たちが受け継いできているものである。
- 日に日に新しくしていかない限り，伝統は生きる力を失ってしまう。

　歴代校長もこうした苦慮を抱いていたことを知り，「伝統とは，先人と同じことをするのではなく，先人の求めたものを求めることである」との思いを強くしています。

　長良小学校が長年にわたり標榜してきたのは「たくましさを培う教育の創造」です。たくましさは，子どもたちがこれから生きていく時代という中で構想されなければなりません。そのためには，これから先の未来を見渡す大きな視野をもつこととともに，そこで確かに生きて働く力の実体を明らかにし，育てていくための方法論を確立させていくことが急務であると考えています。

本書の発刊について

　山住勝広，冨澤美千子両先生が本校を訪問されたのは，平成26年度初めのことでした。「野村芳兵衞研究」をされているのがきっかけでした。野村芳兵衞先生は，昭和21年度から27年度までの7年間，本校で校長を務められました。戦後の歴史的転換期に，「新教育の教育課程」という特色ある取り組みを行い，長良小学校の一時代を築いた校長です。

　山住，冨澤両先生は，授業参観や授業研究会への参加，教師インタビュー等，さまざまな機会をとらえて本校を訪問してくださいました。その記録をもとに，野村芳兵衞先生の教育思想の視点から，本校の教育活動を報告していただけることとなりました。今回の発刊は，私たちの現在の教育活動を今一度位置づけ直すと同時に，この先の時代を見据えた「たくましさ」を考える貴重な機会となりました。

　山住，冨澤両先生に厚く感謝申し上げます。

　平成29年7月

岐阜市立長良小学校長　大塚　弘士

はじめに

　岐阜市立長良小学校は，日本を代表する生活教育の実践家・野村芳兵衛を戦後新教育の時代に校長とし，一貫して「子どもの側に立つ教育」の理念のもと，仲間づくりを基盤にした子どもたちの自主的・協働的な「学ぶシステム」をつくり出してきた，瞠目に値する特筆すべき公立小学校である。本書は，その教育実践に注目し，そこでの教師と子どもたちによる日々の教育の姿に迫ることによって，日本の小学校教育が独創的に発展させてきた「人間性の教育」，すなわち人づくりの教育がもつ意味と価値を明らかにしようとしたものである。

　「子どもの側に立つ教育」は，これまで長良小学校で働いてきたすべての教師たちが子どもたちと力を合わせて具現し，ともに今日まで継承してきた教育実践にとって，いわば導きの糸となった思想である。それは，子どもを「よりよく生きようとするかけがえのない人間」（岐阜市立長良小学校「研究構想」；1章の図 1-1 参照）として理解し，尊重し，信頼することを根本にした教育の構想である。つまり，「子どもの側に立つ教育」は，すべての子どもたちが人間としてたくましく，豊かに，そして多面的に発達する可能性をもつことを絶対的に信じ，そのような子どもたちへの全面的な信頼にもとづく教育を追求しようとするものなのである。

　本書が描き出そうとしたのは，野村芳兵衛によって切り開かれた人間教育の思想と実践を淵源とし，長良小学校において歴史的に創造され継承され発展させられてきた「子どもの側に立つ教育」の系譜とその具現化である。たとえば，野村は，先ほど述べた子どもを信頼することについて，次のように言っている。「信頼なくして，どうして，子供の教育が達成されよう。吾々は，先ず子供を信じてかかるべきだ。然も子供は信じてよい。例えどんなに今日の子供達が悪かろうとも，吾々は子供を信じてよい。現実の子供の中には必ず明日の子供が生きている」（野村，1950，p.6）。「明日の子供」を信じるこうした野村の教育観は，「よりよく生きようとするかけがえのない人間」として子どもを信頼する長良教育に確実に受け継がれてきている。

　野村は，「自分達が自分達を教育することが学習である」（野村，1933，p.57）と言う。この野村の考えとまったく同じ立ち位置から教育実践をつくり出してきた長良小学校の教師たちは，「子どもの側に立つ教育」の理念のもと，教育を，本質的には子ども自身の「自己教育」（自分で自分を教育すること）であるととらえてきた。そのため，長良の教師たちは，教育の営みの中で，何よりも子どものよりよく生き

ようとする「願い」や学ぶことの「喜び」を呼び起こそうとする。そうした子ども
の「願い」や「喜び」を中心に据えて，野村のいう「人間作りの教育」（野村,
1973, p.280），すなわち子どもを一人の人間として，部分ではなくまるごとで理解・
尊重して育てようとする「全人教育（whole-person education）」を長良小学校は
持続的・創造的に発展させてきたのである。野村は次のように述べている。「人間
性は可能性として発芽しているのだ。その発芽を育てるのが教育なのだと私は信ず
る。その信念だけが，私に生きがいを与えてくれる」（p.289）。

　長良小学校におけるこうした人間教育の創造と継承は，2017 年 3 月に告示され
た新学習指導要領において示されている「資質・能力の育成」の三つの柱と密接に
関連づくものである。三つの柱のうち，「学びに向かう力，人間性等」は，新学習
指導要領が「資質・能力」を示す際に参照・依拠したチャールズ・ファデルたちの
「4 次 元 教 育（four-dimensional education）」の モ デ ル（Fadel, Bialik, &
Trilling, 2015）では，「人間性（character）の次元」と「メタ学習（meta-learning）
の次元」と呼ばれているものに相当している。長良小学校は，このような「学びに
向かう力，人間性等」の育成に対して，人間教育（全人教育）の長年の取り組みの
中で，すでに先進的な実践を生み出し，子どもたちの具体の姿においてめざましい
成果を蓄積している。

　同様に，新学習指導要領が学校における教育課程改善の具体的な方途とする「カ
リキュラム・マネジメント」に関しても，長良小学校は，「『たくましさ』を培う教
育の創造」を研究主題に，独創的で先端的なカリキュラムのデザインを長年にわたっ
て持続的に発展させてきている。それは，育ってほしい子どもの具体的で全人的な
姿を「自主」「連帯」「創造」「健康」の四つの側面でとらえ，そうした目指す子ど
も像をカリキュラム編成の出発点に置くものである。そこから，長良小学校では，
各教科，道徳科，そして「ひらがな活動」と独自に名づけられた総合的な学習の時
間と特別活動といった教育課程の諸領域を相互に関連づけて統合し，諸領域の間に
有機的なつながりと内的な一貫性を強力にもったカリキュラムを生み出すことに成
功している。

　こうして，長良小学校は，その自律的で学校独自の「カリキュラム・マネジメン
ト」によって，子どもたちが自らの足場で仲間とともに自主的に生活を築いていく
ような，子どもたちの「たくましさ」という「資質・能力」を育成する全人的な教
育活動を歴史的に発展させてきたのである。そこでは，子どもたちを信頼し，子ど
もたちに任せる自主活動が教育課程を貫く基軸となっている。また，学校は，子ど
もたちが相互の信頼にもとづき協働で生活を自主的に創造していく場と考えられて

いる。そこから，長良小学校では，先に述べたように，「自主」「連帯」「創造」「健康」の四つの側面から具体化された目指す子ども像，すなわち「自分から，仲間と共に，工夫して，最後まであきらめずやりぬく子」（岐阜市立長良小学校，2016, p.3）という「何ができるようになるか」が明確にされ，それに向かっていく「何を学ぶか」の教育課程がつくり出されているのである。

　長良小学校は，新学習指導要領における「どのように学ぶか」の視点，つまり「主体的・対話的で深い学びの実現」に関しても，毎日の「仲間づくり」の生活を創造する中に，教科の授業を位置づけ，「各教科等の本質に根ざした『見方・考え方』」を子どもたち自身が働かせる，きわめて質の高い卓越した学習の実践を長期的かつ持続的に生み出してきている。それは，「学びを生かして，働きかける，たくましい長良っ子」を目指し，各教科における子どもたちの「たくましさ」の具体を培うことと，教科の枠を超えた「たくましさ」である「資質・能力」を育成することを密接に結びつけようとするものである（岐阜市立長良小学校，2016, pp.10–11）。つまり，長良小学校の授業実践は，各教科を仲間とともに学び合う中で，子ども一人一人に自主的に生きていく姿勢づくり（自分づくり）の足場をもたせ，それによって，個性を伸ばし人間性を高めていく自覚的な態度の育成に一貫して正面から取り組むものなのである。

　実際，長良の教師たちは，毎月一回開催される全校研究会で，ある意味，愚直ともいえるほど「子どもたちの具体の姿」にこだわり，「子どもたちの具体の姿」から学び，「子どもたちの具体の姿」を求め，目指していく熱い協働の討議を積み重ねている。「子どもの側に立つ教育」の理念は，「子どもの可能性を信じ，常に子どもを正面に見据え，子どもの主体性を育てる教育」（岐阜市立長良小学校，2016, p.3）を，あくまでも子どもたちの自ら育つ姿において具現しようとする教師たちの日々の実践を結晶化したものなのである。もちろん，長良小学校のこうした独創性と卓越性は，教科の学習指導にとどまらない。むしろ，長良小学校の教育課程の全体に，日本の小学校教育が歴史的につくり上げてきた，世界に誇ることのできる最良の教育実践の到達点を見いだすことができる。長良小学校における教育活動のすべての取り組みが，子どもたちが自らの足場で仲間と連帯して自主的に生活を創造していく「子どもの側に立つ教育」の実践を，日々，深く，強くつくり出している。

　長良小学校の「子どもの側に立つ教育」は，野村が，「日本に育って来た土臭い土着の生活教育」（野村，1973, p.265）というように呼んだものである。それは，現在流行している教育用語をちりばめて構想されたものではない。むしろ，そうした用語を外からもち込み，外発的な基準や指標をあてがうのではなく，カリキュラ

ムと授業と学習に対する独創的な概念体系や内発的なアカウンタビリティ（責任ある説明体系）を学校と教師集団自らが一貫して長年にわたり持続的につくり出してきているのが長良の教育である。

　こうして長良小学校の教育は，学習指導要領の改訂にみられるような，今日の学校教育に求められる時代的な転換を，すでに独創的に先取りして日々実践してきている。本書は，そのような長良小学校の「子どもの側に立つ教育」の具体的な姿を通して，未来の学校教育のあり方を独自に提起しようとするものである。また，本書は，長良小学校だけではない，日本の学校と教師たちがそれぞれの地域で歴史的・文化的に創造してきた，高い質をもった優れた教育実践を再認識し，その最良の到達点を学校教育の改善のために自覚的に活用していくことの端緒を開こうとするものでもある。それによって，グローバル化の中で混迷する現代の学校教育のこれからの歩み方を示していくことが，長良小学校の教育を広く社会に発信する試みとしての本書が抱く最大の願いである。

山住　勝広

1章

「子どもの側に立つ教育」の創造と継承
野村芳兵衞から長良小学校へ

山住勝広

　岐阜市立長良小学校は，日本の生活教育運動を代表する教育実践家であった野村芳兵衞（1896-1986）が戦後初期の1946（昭和21）年から1953（昭和28）年に校長を務め，教師たちとともに，生活教育を基盤にした教育課程である「長良プラン」を創造・実践し，今日まで一貫して「子どもの側に立つ教育」の理念のもと，子どもの自主性と連帯性を育む教育を創造・継承してきた公立の学校である。

　本章は，信頼と協力と友情に満ちあふれた長良小学校の根本理念といえる「子どもの側に立つ教育」について，野村芳兵衞の教育思想と，現代の長良小学校における教育実践とを結びつなぎながら，「子どもの可能性を信じ，常に子どもを正面に見据え，子どもの主体性を育てる教育」とは何かを探ってみることにしたい。

▍1節 「子どもの側に立つ教育」のための学校

1. 子どもたちと同じ目の高さで

　2014（平成26）年6月6日，岐阜市立長良小学校4年河村亮太学級の体育授業「のりこえろ！　台上前転」でのことである。グループごとに練習する子どもたちは，それぞれ「いくよ！」のかけ声とともに手をあげ，補助の子どもたちは「いいよ！」と応え，台上前転に取り組んでいた。グループごとの練習を終えて集まってきた子どもたちに，河村先生は，「きれいな台上前転を目指しましたが，ポイントは？」と問いかけ，「できてなかったけど，できるようになった子がおったんや」と一人の子どもを促した。子どもたちは輪になって，その子の台上前転を見守り，見事な達成に大きな拍手を

送った。その輪の中に，子どもたちと同じ目線で身をかがめる河村先生がいた。

　円陣を組んで「今のは，きれいな台上前転やった？」と問う先生とそれに応える子どもたちは，指導する者とそれに従う者といった関係に立っているのではなかった。そこには，教師も参加する日々の仲間づくりと，仲間とともに協働で「きれいな台上前転」とは何かを探究する学習のコミュニティがつくり出されていた。

2. 仲間と磨き合い，自分の学習の宝物を築く

　もう一つ，短い例をあげたい。2015（平成27）年2月10日に行われた5年宮川和文学級の社会科授業「自然災害を防ぐ」である。教室には，2004（平成16）年10月の台風23号によって岐阜県関市池尻地区で発生した長良川の氾濫と浸水害に関する資料が所狭しと掲げられていた。それは，まるで小さな博物館のようだった。子どもたちは資料を丹念に読み取り，一つ一つの事実に迫る作業を通して，教室の外側にある現実世界における防災という社会問題へと誘われていく。

　こうした子どもたちの深い探究の基盤には，宮川先生による「社会科のつなぎ技」や「は・ち・あ・い」といった「学ぶ力」の育成がある（右・右下・左下の写真のように，教室には，仲間と一緒に学

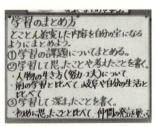

び合うためのこうが掲示されている）。それは，仲間との「磨き合い」を通して，個人が「自分の学習の宝物を築く」ことを目指すような，学級集団で「学び合うことの力」といえるものである。

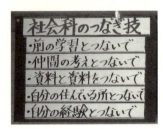

　自然環境と人々の営みはどのように結びついているのかに焦点を合わせた宮川学級の授業の中で子どもたちは，自然災害を防ぐ人々の取り組みに，異なる利害が絡み合っていることを発見していく。そして，そのことを通して子どもたちは，すべての人々の命とくらしを守るという価値に気づかされるのである。この気づきは，事実に即しているがゆえに，子どもたちにとって，信念といえる人格的なレベルにまで高まっていく。

　長良小学校では，以上の短い例だけでなく，すべての学年・学級，すべての教科・領域の授業において，知識や概念，スキルを，活動の中で，活動をつくり出すために生かして働かせていく，協働の探究的学習が生み出されている。「すべての教科学習が，総合的な学習である」。これは，長良小学校においてこそ，まさにいえることである。

　しかし，そのような授業は，何か決まったやり方やテクニック，つまりハウツーを知り，それを当てはめさえすれば実践できるというものではない。長良小学校では，つねに「子どものために，子どもとともに」（岐阜市立長良小学校，2015，p.6）を主軸に，何を（what），なぜ（why），何のために（where to）行うのかが，教師たちの協働の中で日々問い続けられている。それは，毎日の子どもたちとの実践の意味は何なのかを熟考しながら，「自らの教育観を打ち立てる」（岐阜市立長良小学校，1990，p.187）ことに向かっていく教師たち自身の探究なのである。

　ジョン・デューイは，「教育科学（educational science）」が究極には何であり，実際，どこに存在するのかを問うて，それが書物の中でも，実験室の中でも，講義室の中でもなく，「教育活動の指導に取り組んでいる人々の心」の中にこそあるのだと言っている（Dewey，1929，p.32）。この意味での「教育科学」こそ，教師たちが打ち立てようとする「自らの教育観」である。長良小学校は，実践の中にある教育科学としてのそうした教育観を，教師一人一人が樹立することに格闘するとともに，磨き合いを通して互いの教育観を共有し高めていくことに一貫して注力してきた学校である。そして，そのようにして高く掲げられてきた旗こそ，「子どもの側に立つ教育」の理念である。

　それでは，上からの改革が猫の目のように変わりながら学校現場に下ろされていく，戦後教育改革の歴史の中にあって，長良小学校はどのようにしていわば自生的といえる「子どもの側に立つ教育」の実践をすぐれて個性的に創造していったのだろうか。それを次には，長良小学校において時に「芳兵衞イズム」（岐阜市立長良小学校みどり会，2004，p.6）と呼ばれてもきた，野村芳兵衞の独創的な教育思想がもたらした影響という点から見ていくことにしよう。

▍2節 野村芳兵衞の生活教育思想と「子どもの側に立つ教育」

1. 野村芳兵衞の生活教育実践論における「本を作る教育」のカリキュラム

　野村芳兵衞は，戦前における新教育の代表的な実験学校であった，東京の池袋児童の村小学校（1924年4月〜1936年7月）の開校当初からの訓導であり，1934（昭和9）年からは主事となって閉校までの間，一貫してその運営と実践の創造を中心になって担った，日本の生活教育運動を代表する教育実践家・思想家の一人である。児童の村小学校は，私立の学校として約13年の存在であったが，西洋教育史研究の泰斗，梅根悟をして，「大正期の自由主義教育運動の，最後の，そして頂点的な存在」（梅根，1952，p.273）とまでいわしめた，文字通りの実験学校だった。

　野村は，戦前，児童の村小学校での実践にもとづき，「生活教育のカリキュラム」を探究し，「子供達自身に子供の文化を築かせて行く」ことを目的にした「カリキュラム改造」（野村，1938，p.2）を進めようとした[1]。そこで野村は，「教育とは社会が行う生活の協働自治的組織化である」（野村，1933，p.ii）との目的から，「生活の場所」としての学校を子どもたち自らが協働自治的に組織していくことを通して，「自分達が自分達を教育することが学習である」（p.57）といった子どもたち自身の自発的活動からなる「生活学校」のカリキュラムを考えたのである（こうした野村の生活教育カリキュラム構想とその実践について詳しくは，山住，2017を参照）。野村は，それを，「本を読む教育」から「本を作る教育」への「百八十度の転回」（野村，1933，p.438）という象徴的な表現で述べている。

　「本を作る教育」は，「従来の教育に於いては，殆ど教育の全部が，本を読ませるということ」であり，「子供達に対して，過去の文化を伝達するのが教育であると考えられて」いたのに対して，子どもたち自身に子どもたちの文化を築かせていくことを目的にしたものである（野村，1938，pp.2-3）。ここで野村の巧みな喩えを引用しよう。「本を読む教育」が「乾物屋が持って来た干物を食う」ようなものであるとするならば，「本を作る教育」はそれとはちがい，「川へ行って，流の魚を釣って来て食う」ようなものといえる（野村，1930，p.11）。そして，こうした「本を作る教育」こそが，「りゅうりゅうと引く魚を釣上げた時の喜び，それを甘からく煮て食べる時の美味」をもたらし，「教材を自ら釣る力，教材を自ら食う力」を，子どもたちとともに新しく学んでいくものになるのである（p.11）。

　野村は，こうした「本を作る教育」として，具体的にたとえば，自然観察におい

1　以下，本章における引用では，旧字体は新字体に，旧仮名遣いは新仮名遣いにあらためた。

池袋児童の村小学校での自然観察学習
長崎町にあった職員住宅の中庭で子どもたちの観察を指導
する野村芳兵衞。（岐阜県歴史資料館蔵）

て「観察記」を書く「蜘蛛の観察」（野村，1933，pp.441-453），また社会観察にお
いて「見学記」を書く「東京科学博物館の見学」（pp.453-470；同じ実践は，野村，
1932，pp.17-25 にも紹介されている）の学習を実践している。さらに，学校の夏
休みを活用した「郷土教育」の実践では，子どもたちが「郷土教科書」を作る取り
組み（野村，1931，pp.35-38）や，「我が村」をさまざまに調べて『私達の村』と
いう本を協働で作る学習（pp.75-81）が具体的に提案されている。

　この「本を作るという仕事」を，野村は，すべての教科の中で取り組むべき学習
であるとする。なぜなら，「学級の全員が協働して，子供達の本を作らせて行く」
とき初めて，「本というものの生産過程が理解され，従ってその目的が理解され」，
そこから発展して，自分たちの観察を，教科書に示された内容と比較することが可
能になり，「教科書を学ぶことの必要とその読解方法とが自覚されてくると思われ
る」からである（野村，1932，p.17）。野村は，その実践を子どもたちと次のよう
に試みていたと述べている。「私は，修身科に於いて，教科書の勉強の他に，『私達
の修身』という本を書かせている。理科に於いても同様である。私は，理科書によ
る理科学習の他に，『私達の理科』という本を書かせている。『私達の算術』『私達
の読本』『私達の地理』『私達の国史』等，皆それである」（野村，1938，p.5）。

　戦後まもなくの 1945（昭和 20）年 11 月，岐阜に帰郷した野村，岐阜市立高
等女学校を経て，当時，岐阜師範学校代用附属長良国民学校校長だった終生の親友，
川口半平の「後任にはわたしのもっとも信頼するりっぱな人に来てもらう」との推
挙を受け（岸，1969，p.458），翌 1946（昭和 21）年 4 月，長良小学校の校長とな

るのである。時は教育民主化の嵐が吹き荒れるまっただ中であり，教育基本法・学校教育法の公布に先立ち，1947（昭和22）年3月，戦後最初の『学習指導要領一般編（試案）』が文部省から刊行される前夜であった。それは，また，アメリカの「経験カリキュラム（experience curriculum）」や「コア・カリキュラム」をモデルにしたカリキュラム運動が熱気のように全国の学校を覆った時代でもあった。

この時期，岐阜県では，ともに岐阜師範学校（1943年，岐阜県師範学校と岐阜県女子師範学校の官立移管により創立）の代用附属だった岐阜市立長良小学校，岐阜市立加納小学校，そして各都市の実験学校を中心にカリキュラムの研究と編成が先導的に行われ，中でも「長良プラン」，「加納プラン」，「中有知プラン」，「武儀プラン」は全国的に注目されるものだった（岐阜県教育委員会，2004，p.356）。

それでは次に，野村が校長として教師たちとつくり出していった「長良プラン」をめぐり，その土台となっている教育観に注目してみることにしよう。

2.「長良プラン」に見る野村芳兵衞の教育思想

野村校長のリーダーシップのもと，長良小学校は，1949（昭和24）年4月，通称「長良プラン」と呼ばれる「教育課程表（試案）」を発表した（岐阜県教育委員会，2004，pp.359-360参照；その抄録が，岐阜県教育委員会，2001，pp.39-75にある）。この「教育課程表（試案）」では，カリキュラムが「研究（環境）単元」，「おけいこ（作品）単元」，「クラブ（自治）単元」の三領域から編成されていた。1951（昭和26）年には，2年間の実践を振り返り，修正を行って，第2次長良プランとして『改訂教育課程　上・下』を刊行している（岐阜大学学芸学部附属長良小学校，1951）。そこでは，「研究単元」，「おけいこ単元」，「クラブ単元」が，それぞれ「社会コース（社会学習）」，「おけいこコース（おけいこ学習）」，「日常コース（仲よし学習）」にあらためられている。このことによって，具体的な生活を通して「社会の理解」と「表現の技術」と「生活の態度」を培うという，各領域の機能的分担が明確になるとともに，それら三つの学習内容の有機的な結びつきと一貫性がさらに強められている。

こうした長良プランについて，『岐阜県史』は，次のようなとらえ方を示している。「加納小学校が典型的なコア・カリキュラムを実施したのに対し，長良小学校は基本的に教科の枠を壊すことを否定し，中核コースはもたず，社会・理科で一コース，国語・算数で一コース（おけいこコース），児童会・クラブ活動・学級活動で一コース（日常コース）の計三コースを編成している。いわゆる大教科型のカリキュラムであった」（岐阜県，2003，p.345）。また，岸武雄の次のような指摘は，長良プラ

ンに込められた野村教育思想の核心をつくもののように思える。

> 野村はその昔「児童の村」で，午前中は先人の文化を身につける学習，午後
> は子どもたちが生活から文化を生み出す学習と，単純なカリキュラムを実施し
> て成功した経験にもとづき，文化を学ぶコースとして「おけいこ単元」，自分
> たちの生活を育てるコースとして「仲よし単元」，この両者を結ぶコースとし
> て「社会単元」という素朴な教育課程を実施した。そして，紙の上で複雑に組
> 織するよりも，子どもたちが生活を組織し，文化を身につける態度の育成に，
> 何よりの重点をおいた。(岸, 1969, p.459)

ここで岸が「子どもたちが生活を組織し，文化を身につける態度の育成」と特徴
づけている野村の生活教育の考え方は，『改訂教育課程　上』の冒頭に書かれた彼
の文章「我が校の教育設計」の中で，長良プランの基本に据えられている。「子供
と先生」の見出しをつけて，彼はこう言っている。

> 子供達の生活も，先生の生活も共に尊重されねばならぬ。お互に信頼しあっ
> て，友情豊かに，身体も丈夫にし，仲よく遊んだり，勉強したり，働いたりし
> て，よき作品を産みたいものだ。そして，そのよき作品を交流しあって，一そ
> う高い科学的処理や，一そう豊かな芸術的表現の世界へと，手をとりやって，
> 登って行きたいものである。(野村, 1951, p.1)

このように，野村が長良小学校の教師たちと戦後直後に追い求めた教育の姿は，
学校を，教師と子どもたちが相互の信頼にもとづき協働で生活を自発的に創造して
いく場にしていこうとするものだった。そうした「協働自治の組織」における「子
どもたちの自発活動」(野村, 1933, p.27) を通して，子どもたちは自ら，仲間と
の協働の生活を成り立たせる「しくみ」(野村, 1958, pp.36-38) をつくり出し，
民主主義的な生き方を学び育んでいく，と野村は考えたのである。彼は，こうした
生活教育の方法を「生活指導」と呼び，次のように述べている。「私は，生活指導
は協力だと考えていたのだから，まず何よりも，子どもたちと一しょに生活するこ
とに努めた」(野村, 1959, p.79)。「指導意識を捨てて，協力という姿で生活指導
をしたい」と思っていた野村は，「子どもたちの一人一人が，学級経営に参加して，
学習が共同経営」されていくような学級活動を実践していったのだった(p.81)。「学
習指導」は，このような「生活指導」を基盤に展開するものと考えられたのである。

岐阜市立長良小学校校長室での野村芳兵衞
岐阜市立徹明小学校校長への異動の前月，1953 年 3 月に
撮影。（岐阜県歴史資料館蔵）

　まとめるならば，長良プランの背後にあった野村の教育観は，次のようなものだ
といえるだろう。教育の営みとは，仲間づくりの生活，すなわち「協力という姿」
で「一しょに生活する」ことを通して，過去の文化を受け取り，自分たちの文化を
創造していく学習や遊びの世界を，子どもたちが自発的に生きていけるような姿勢
こそを育むものであり，そのためには子ども一人一人に生きていく姿勢づくりの足
場をもたせなければならない。

　長良小学校に過去在職した先輩教師と在職中の教師たちの集まりである「みどり
会」が 1984（昭和 59）年に開催した座談会「『新教育』を歩み始めたころ」の中で，
野村は，当時の同僚たちを前に，次のように語っている。「子ども達は小さい時から，
自分の生活の責任を自分で持つように育てるべきで，そのような教育をしようと思
うと，子どもを信頼して学級経営をやらねば」ならない（岐阜市立長良小学校みど
り会，1984，p.42）。しかし，一般に，学校では，「子どもの姿勢作りの足場が非常
に弱」く，「先生が往々にして，文化を受け取らせる方法だけを考え」ることになっ
ている（p.48）。つまり，「能力を創る」ということだけがねらわれていて，「勉強
するという姿勢」の土台となる「生きていく態度を創る」ことに乏しいのである
（pp.42–48）。

　そのため，野村が長良プランにおいて何よりも強調したのは，「子どもになまの
生活を開放する，仲間作りをさせる場を与えること」であり，「本人の生活・本人
の責任で，子供の生活を開放する」ことだったのである（岐阜市立長良小学校みど
り会，1984，p.48）。彼の次の言葉は，その考えを端的に表現している。それは，「教
育は，子どもたちのためにやることなんだし，子どもたちは，自分たちで，自分た

ちの幸せを作って行かない限り，幸せにはなれないのだから，どんなことでも，圧えつけるというのではなく，子どもたち自身の足場で作って行けるように」していこう，というものである（野村，1970, p.66）。

「民主的な社会に生きて行く，生き方の躾」は，「お説教などで」できると考えてはならない（野村，1950, p.42），これが野村の「子どもたち自身の足場で」という考え方である。「生きていく姿勢」は，「毎日の家庭生活又は学校生活を通して具体的に躾けられて行かねばなら」ない（p.42）。そのため，野村が提唱する方法は，次のように，教師と子どもたちが協力して一緒に働くというものである。「……学校では先生が，……子供をつれて働くと言う習慣を持たねばならぬ。仕事と言うものはそれ自身たのしいものではない。けれど先生が好きだから，……先生と一しょに語るのがたのしくて，子供達は喜んで掃除をする」（p.42）。そして，このように一緒に働くことによってこそ，「今日の勉強の反省も出来たり，昨日の帰りにCとDとが喧嘩した話をきくことも出来る」（p.42）のである。こうして，野村は，「共同作業を通して，助け合って働くことの喜びと責任とを学ばせなくてはならぬ」と考え，「共同作業なき単なるディスカッションの如きは百害あって一利ないもの」とするのである（野村，1951, p.5）。

野村は，以上のような教育観に立って，長良プランに，次にあるような「子供達の自治活動」を組み込んでいったのである。それは，有機的に関連し合う総合的で一貫性のある教育活動をつくり出し，子どもたちの「能力」とともに，その土台となるような「生きていく姿勢」をも，あわせて育んでいこうとしたものだった。

　　　……日常生活をもう一歩前進させて，子供達の民主的な躾をするためには，子供達の自治活動を組織化してやる必要がある。子供図書館を経営させるとか，給食を経営させるとか，子供の実験室を経営させるとか，動植物の飼育栽培から，子供測候所の経営，学校放送や学校新聞，運動会，写生大会，遠足，劇の会など，こうしたことを子供達自身に経営させて行くならば，当然に其処から民主的な躾が出来て行くであろう。（野村，1950, p.42）

それでは，こうした野村の生活教育実践論を，当時の長良小学校の教師たちはどう受け止めたのだろうか。次に，戦後教育改革という激動の中から「子どもの側に立つ教育」の理念を練り上げていく教師たちの歩みについて見ていくことにしたい。

3. 「子どもの側に立つ教育」の方へ

　戦後教育改革期に野村校長と若い教師たちによって実践された長良プランの底流には，子ども一人一人に生きていく姿勢づくりの足場をもたせるという，教育への本質的な問いかけがあった。長良小学校の若い教師たちは，それぞれに試行錯誤を繰り返しながら，教師と子どもが互いに信頼し尊重し合って，自分の生活の責任を果たし，「一人一人の足場に立ってみんなに結びつくという仲間づくり」（野村，1974, p.3）の教育に励んでいったのだった。

　たとえば，当時，師範学校を卒業して間もない二十代の教師たちの一人だった奥村勉は，野村から受けた感化を振り返って，後年，次のように記している。

　　　当時，私は，朝の登校は学校へ飛び込みでした。廊下を走りながら職員室へ向かうと，既に校長先生は，「はたき」を持ってガラス戸をはたいてみえるのです。そして，私の顔を見ると「奥村君，君は今，何を読んでいるかね。」と聞かれるのです。毎朝が怖かった覚えがあります。この野村先生からいちばん教えられたのが「子どもの側にたった教育」のあり方を見つけることでした。
　　　大人の側にたった教育，マスコミの側にたった新しさだけの教育，安易に時流にのった教育を避けることです。そして，さらにこの長良小学校で学んだことは，学校というところは，授業を通して子どもの教育をする場であるということです。
　　　私は，多治見市の教育委員会で12年間お世話になりました。この間，先生方に訴え続けたことは「先生は子どもにつくこと」，職員室につくのではなく教室に，子どもにつく先生になってほしいということでした。校長は学校につくことです。（奥村，2007, p.1）

　また，同じく当時，二十代の教師だった鈴木頼恭は，先に触れた1984（昭和59）年の座談会「『新教育』を歩み始めたころ」の中で，長良プランの三つのコース立てをめぐり，その根底にあった野村の理念が「人間をどう創っていこうか」にかかわるものであったと述べている。

　　　長良は戦後も相変わらず「教科の長良」と言われるけれども，それは単なる教科ではなくて，その中に，子供の全体を考え，人間を考えてきた。……社会科なら社会科の中で，理科は理科の中で，もっと生活的に，例えばもっと野外へ出て，調べ学習をしながら真理探究というようなことをやっていけないかと

　思うのです。それは，ずっと，戦前の長良がやってきたことだと思いますね。（岐阜市立長良小学校みどり会，1984，p.51）

　こうした「人づくりの技」（中内，2000）というべきものに結晶化された野村の教育思想を，吉岡勲は次のように特徴づけている。「野村は長い教育実践をつづけてきている。その実践はいつも自身でくみたて，自身でみつめ，自身で歩んできたものである。こうした強みは野村の生命であり，そこに生れた個性的な言動は，たとえようもなく魅力的であった。戦後の小学校教育に，野村は自身のゆき方で対処した」（吉岡，1970，p.11）。その野村は，「教育という仕事は，人間対人間の感化力なんだから，一人一人の教師を信頼するより他に道はない」（野村，1984，p.109）とする校長だった。そして，彼は，７年間の長良小学校在職について，次のように語るのである。「こうした愚人が校長になって，とにもかくにも，七年間校長が勤まったというのは，全く，長良教育の伝統——それは，職員の一人一人が主体的に教育を分担しながら，信頼によって，連帯責任を達成して行くという——のおかげだと思っている」（野村，1970，p.63）。

　1953（昭和28）年４月，野村は，岐阜市立徹明小学校校長へ異動する。そのときの様子を奥村は次のように書いている。「私達は惜しみのあまり，先生を『みこし』に乗せて長良の街をかついでねりまわった覚えがあります。本当に在職職員に限りなく惜しまれ転出された先生でありました」（奥村，1996，pp.15-16；８章の「芳兵衞をおくる会」の写真を参照。そこには劇で野村に扮したと思われる奥村の姿もある）。長良小学校の若い教師たちは，野村の転出後も，「ゆすら会」と名づけられたインフォーマルな会合を通して，野村との交流を彼が亡くなるまで何十年も続けていったのである。「ゆすら会」とは，「昭和二十六年四月に長良小学校へ入った者が中心となって，およそ月一回，夜，先生のお宅へお邪魔して，芳兵衞さんをゆすって，できるだけいろいろ教えを受けようということで出発した会」（p.16）だった（８章座談会１の「ゆすら会について」参照）。

　長良小学校，「ゆすら会」，そしてその後の教師人生の中で，折々に野村の言葉に触れ，野村と語り合った一人である柘植弘睦は，語りの人であった野村の言葉を次のように聴いている。「先生のお話は，むつかしい言葉がないのでよく分かったが，その中に，先生のお考えになっている，生きる姿勢や，学習の姿が滲み出ているので，味わいが深かった。先生はよくお考えになって，到達された世界を，やさしいことばでまとめられ，それを原理にまで高めて，私達に分けてくださった」（柘植，1996，p.9）。

野村と長良の教師たちの間，同僚教師たちの間，そして先輩教師と後輩教師の間で公式・非公式に会議や研究会や会話の中で交わされた言葉の数々は，毎日の教育実践を励まし続け，野村が長良を離れた五年後の 1958（昭和 33）年，「子どもの側に立つ教育」という研究主題へ昇華されていく。しかし，これは，当時，ミドルリーダーの一人だった西脇成紀の次の回想にあるように，通常の意味での学校の研究主題ではない（8 章座談会 1「野村芳兵衞からの『子どもの側に立つ教育』の継承」も参照）。

　　みどり会は，ひとりひとりが個性を持ち，教科ごとにそれぞれが独自の研究を進めていくものだった。だが，学校としてそれでいいのか。もし各自の求めているものに共通する理念があるならば，それをみつけようということになり，幾夜も論議が続いた。
　　そして生まれたのが，「こどもの側に立つ教育」だった。（西脇，2014, p.5）

　このように，「子どもの側に立つ教育」とは，教師たちが願い，追い求め，具現化しようとする教育の姿を示した理念なのである。同時にそれは，現状の実践をつねに振り返り，吟味し，批評し，改善していくために，教師たちが自らに差し向けていく「問いかけ」でもある。たとえば，当時，若手教師の一人だった永田保は，「子どもの側に立つ教育」との格闘の日々を次のように記している。

　　「子どもの側に立つ教育」　各教科に生きる長良の教育に立ちながら，その基本を子どもの側に置いた歩みが昭和三十年代続けられた。「どのようにするのが本当に子どもの側に立つことなのか。」この苦しみが毎年続けられる中で出て来た課題が「確かな学習過程を求めて。」であったと思う。
　　長良の子どもが，一歩一歩確実に育ち，身につけていく。そして精いっぱい今の生活を生きていくことこそ，幸せにつながるものではないか。こうした願いが当時の私の頭から離れなかったことを覚えている。
　　……
　　目標と学習構造の関係の中に，「どうしたら子どもが常に『自分から見つけ，自ら学びとろうと努力する姿』になってくれるか。」を追求し，子どもの願いと教師の願いが，どうしたら一つのものにたかまってまとまるのか。そのためには，目の前にいる子どもの姿をどうとらえるのか。そしてどのように働きかけていくのか。教師としての力が不足しているのを痛感する毎日でした。（永田，

1984, p.160)

そして，このように自らの限界に悩む日々の中で，永田は，ある出来事に遭遇して「子どもの側に立つ教育」の真髄を悟るのである。

　　三五年秋，発表会の朝，四月に加納小へ転勤されたばかりの，今は亡き河合英男先生が私の教室の絵を張りかえながら，「折角子どもが努力して描いた作品だから美しく張らなくてはね。」とにこにこ話されました。子どもの側に立つことの核心を諭された朝でした。（永田，1984, p.160)

こうして，「子どもの側に立つ教育」は，長良小学校の自生的な教育理念として伝統の中で独自に打ち立てられていった。その理念は，「人間作りの教育」（野村，1973, p.280）の理想として，次節で見るように，きわめて独創的な教育課程を教師と子どもたちの手でつくり出す歩みを導き続けていくのである。

▐▐▐ 3節　教師と子どもたちの手で教育課程をつくり出す

1.「あおぞら」「いずみ」「みずのわ」の構想と実践

　1967（昭和42）年4月，吉岡勲を校長に迎えた長良小学校は，教育課程の枠組みそのものを，いわば「全人教育（whole-person education）」の観点から問い直すような先進的で独自な実践に踏み出していった。高橋彰太郎は，その出発点にあった吉岡の構想を次のように活写している。

　　昭和四十二年度。千八百名に近い児童を擁した長良小学校の五十名程の教職員を前にして，吉岡校長は野村芳兵衛元校長を思い出されて語られた。
　　「野村先生は教育実践を積んだ，魅力ある個性的な教育者であり，学校経営にも卓抜した能力を兼ね備えた教育者であった。」と。
　　戦後の混乱期に二千名を越す大規模校で，一年から六年までの一学級ずつを単位とする部学校を考え，部と部が切磋琢磨する体制を作り出された。一部から七部までの部が独自な経営をまかせられ，それぞれの部が自分たちの生活を組織的に高めようとする活動に火がついた。子供も先生も磨き合って個性が伸びる力強い学校として進展したのであった。
　　あの野村先生の部制を導入するのではないが，先生や子供の心に火をつけ，

いもこでする精神を生かした教育構想をうち出してみたいと語られた。（高橋，1994，p.587）

　ここで「いもこで」というのは，岐阜の言葉で，桶の中にいもをたくさん入れ，かき回して擦り合わせることによって，皮をむきやすいようにすることである。つまり，吉岡の「いもこでする精神を生かした教育構想」とは，教師と子どもたちが互いに磨き合うことで自発的に個性を伸ばし人間性を高めていくような学校づくりを目指すものだったのである。それは，学校の教育目標だった「健康」「創造」「仲よし」を単に言葉に終わらせるのではなく，それらを一体的に身につけた子どもの具体的な姿を生み出すことのできる教育活動をデザインし実践することに挑んでいくものだった。高橋は，そのような吉岡の呼びかけを次のように受け止めている。

　　……吉岡校長の大胆な提言があった。「教科・道徳・特別活動で教育課程を編成し，一単位時間を四十五分で進める教育の仕方を考え直す意気込みをもってほしい。国が示している教育課程に，若干のひずみをもたせたり，ふみ出したりしてもよいから，本物の教育ができる教育構想を考えてみようではないか。」というものであった。（高橋，1994，p.588）

　ここに，現在も，ひらがな表記ゆえに「ひらがな活動」と呼ばれて創造的に継承されている，長良小学校に独自な教育課程の諸領域が，吉岡と教師たちの協働によって誕生したのである。「あおぞら」「いずみ」「みずのわ」と名づけられた時間の実践である。それぞれは，「あおぞら」が「健康」，「いずみ」が「創造」，「みずのわ」が「仲よし」というように，各目標に対応したものだったが，他の二つの目標とも結びつき，全体が関連し合って「生きぬきはたらきかける子ども」を育むことが目指されていた（岐阜市立長良小学校，1968）。そして，それぞれの活動は，次のような内容をもつものとされた。

　　……長良校区の自然の中で夢中になって遊んだり，社会の人々の真剣な生き方に接して，心身ともに健康となる「あおぞら」の時間。
　　……
　　……五六年生の子供の眼で学校生活を見つめ，楽しく，美しく，為になる学校にしていくキーポイントになる問題を学年で討議し設定する。その問題を「石」と呼び，全校児童がいる「池」に投げ込み波紋をひろげる「みずのわの

活動」を行い……，自治の心を育てるようにする。

　……創造性は，教科指導で培っていくものであるが，個性のある創造性をクラブ活動で更に磨きをかける。そのためには教師が生涯を貫く研究活動を披瀝する旗挙げをして，共感する子供を呼び込むのである。……子供の内にある創造力がまるで清水が湧き出るいずみのようであってほしいと願って，「いずみ」と命名し時間を設定することにした。（高橋，1994，pp.589-590）

　リチャード・エルモアは，学校の教育課程が，次のような問題点をもつことを指摘している。「知識を，教室，学年，特別プログラム，教科といった断片に切り刻み，そのような各断片に関する大人と生徒の作業を，他の断片では何が行われているかに関係なく組み立てる」（Elmore, 2002, pp.23-24）。長良小学校は，「あおぞら」「いずみ」「みずのわ」の構想と実践にみられるように，そうした「断片化（fragmentation）」を乗り越える，独創的な教育課程を教師と子どもたちの手でつくり出していったといえるだろう。先に引用した座談会での鈴木頼恭の表現にあるように，それは，「子供一人を全体でつかもう」（岐阜市立長良小学校みどり会，1984, p.51）とする教育課程である。そのため，育もうとする子どもの具体的な姿の全体性が，教育課程編成の出発点に置かれ，そこから諸領域が相互に関連づけられ，内的な一貫性がつくり出されることになるのである。野村芳兵衞も，教育課程の諸領域の「位置づけ」を，次のようにとらえている。「私は正しい位置づけとは，全体性に立った分節的自覚を持つことだと確信しています」（野村，1949, p.3）。

　こうして，長良小学校の教育課程は，高橋が次のように述べているように，子どもが仲間と結びつきながら自発的に自分づくりに取り組んでいく足場をもたらすものとして構想され実践されているのである。「……驚く程の早さで変化し，発展し続ける社会にあっても，子供が本気でよりよい自分を創り出そうと意気ごめる教育の押さえどころが明確な教育構想なのである」（高橋，1994, p.599）。また，野村は，長良の校長時代に教師たちと取り組んだ「部制」（1年から6年までの一学級ずつを縦割りで一つの部学校とし，学校を複数の小さな学校，すなわち学校内学校に分けて運営する方式）とその後の長良小学校における教育課程編成を関連づけて，次のように書いている。「長良付属でも，林校長時代は継続されていたようだが，その後，職員会で，議論が重ねられ，終戦当初の生活教育とは，考え方が変って来た現在では，部制の意味も薄らいだとして，解消したようである。然し，現在の吉岡校長になって，『青空』『泉』『水の輪』という発想で，仲間作りの教育が，この機械化時代の小学校教育の中に生かされつつあることは，嬉しい」（野村，1973, p.16）。

2.「子どもの側に立つ教育」の継承

　長良プランと部制から「あおぞら」「いずみ」「みずのわ」へと持続的に挑まれてきた長良小学校の「子どもの側に立つ教育」は，今日，学校の教育目標「郷土を愛し人間性豊かに生きぬくたくましい子〜『自主』『連帯』『創造』『健康』〜」のもとで，学校独自に「ひらがな活動」と呼ばれている教育課程の諸領域に，発展的に継承されている。芳賀雅俊は，「ひらがな活動」に代表される長良小学校の特色ある教育課程編成が，どのような意味をもつものなのかを，次のように説明している。

　　長良小の大きな特色の一つは，学校の教育目標が教育課程そのものになっているということである。学校の教育目標は，実践内容と場を設定し，具現を図るものでなければならない。長良小の教育目標の四つの視点……「自主」「連帯」「創造」「健康」であるが，これらを具現する活動が教育課程に位置付いているのである。長良小では，それらの教育活動を「ひらがな活動」（ひらがな表記をしているため）と呼び，県下はもちろんのこと，県外にも広く知られている。（芳賀, 2015, p.13）

　つまり，次のような「ひらがな活動」がそれぞれ学校の教育目標の四つの視点に対応しているのである。

　　自主：「いぶき」（朝の会・帰りの会）
　　　　　「くらし」（学級活動）
　　連帯：「みずのわ」（児童会活動）
　　創造：「いずみ」（クラブ活動）
　　健康：「こどう」（総合的な学習の時間）

　ここで長良小学校の教育課程編成がきわめて独創的で重要な意義をもつのは，それぞれの「ひらがな活動」が，学習指導要領に定められた教育課程の諸領域を埋めるピースと考えられているのではなく，教育目標を具現化すること，すなわち「自主」（自分から），「連帯」（仲間とともに），「創造」（工夫して），「健康」（最後まで）を備えた具体的な子どもの姿を生み出すための活動として，教育課程の諸領域に先立って設定されていることである。つまり，教育課程の諸領域が最初からあるのではなく，子どもの全体性を育てる教育目標がまずあって，そのような全体性が諸領域に分節されていくという考え方が，長良における教育課程編成の基軸になってい

るのである。まさに芳賀が指摘するように、「ひらがな活動」は、上記の（　）内の時間、たとえば児童会活動やクラブ活動の「呼称」ではない。「もともと長良小に教育課程としてひらがな活動があり、それをその後確立した学習指導要領のどの時間に当てはまるかと言えば、（　）内の活動になるということである」（芳賀，2015，p.13）。

　こうして、現在の長良小学校は、次頁に転載した図1-1「平成27年度 長良小学校 研究構想」にあるような学校の教育目標を具現化するための「実践内容と場」を設定するに至っている。これら長良小学校における教育活動のすべてが、子どもたちが自らの足場で仲間とともに主体的に生活を築いていく「子どもの側に立つ教育」を日々、深く、そして強くつくり出している。その一例は、本章の後に掲載している、長良小学校で作成された「ひらがな活動」のパネル（図1-2，図1-3）に収められた写真にあるような、子どもたちの生き生きとした姿に見ることができるだろう。

　野村は、長良小学校の校長時代を振り返り、長良の教育に次のような感慨を抱いたことを書き留めている。「これが、日本に育って来た土臭い土着の生活教育だと私は思っていた。幸なことに、長良の子どもたちは、私と気合のとれる土臭い子どもたちだった。それに、先生方まで、土臭い人たちばかりであった」（野村，1973，p.265）。こうした野村と同じように私たちは、次章以降で詳述されている長良小学校の独創的で卓越した教育課程と教育活動の全体に、日本の小学校教育が歴史的につくり上げてきた、世界に誇ることのできる最良の教育実践の到達点を見いだすことができると考えられるのである。

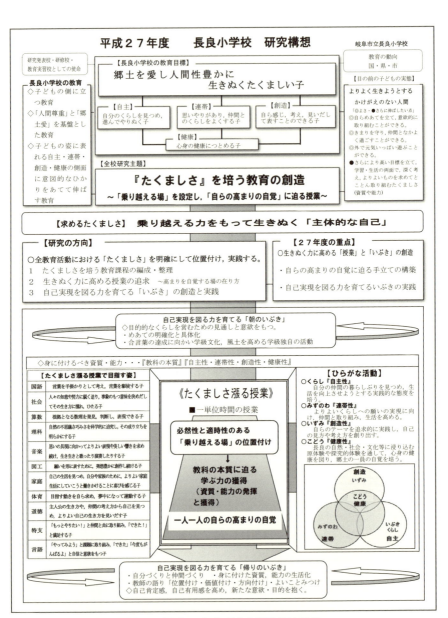

図1-1　平成27年度 長良小学校 研究構想

いぶき

「今日も1日がんばるぞ!」
意欲と希望に燃えて，目的的な1日を過ごすための時間。自己実現の喜びを味わい，次の自己課題に向かう。

くらし

「私たちの生活をよりよくしたい」
学級の仲間とそれまでの生活を見つめ直し，話し合う。実際の場面を想定し，次へのめあてを明確にする。

みずのわ

「お姉ちゃん，最高記録つくろうね。」
6年生一人一人がリーダーとなって，全校のために力を発揮する。誰かのために，貢献する喜びを実感。

いずみ

教師に感化され，自分の課題に向かって，とことん追求する時間。解決方法は自分で探る。探れば探るほど，新たな発見が泉のように湧き出てくる。

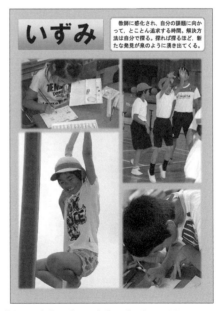

図1-2　長良小学校における「いぶき」「くらし」「みずのわ」「いずみ」の活動

こどう

長良の自然や人々とのかかわりから体全身で学ぶ「こどう」。
「今日もしぜんあそびはかせになるぞ。」と元気よく活動に向かう。

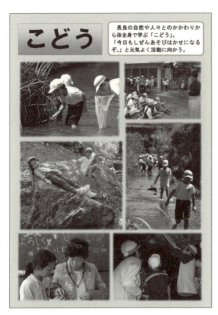

あいさつ

「先生、おはようございます。」お辞儀をしながら、目を見てあいさつ。相手を見つけ、心を通わす。「おはよう。今日も1日がんばろう。」

そうじ

「シュッシュッ」「サッサッ」と掃除道具を動かす音だけが心地よく響く。時間いっぱいもくもくと取り組み、自己の心まで徹底的に磨き上げる。

朝マラソン

音楽の開始とともに、一斉に走り出す子どもたち。友だちよりも速く、昨日よりも遠くまで、めあてをもって今日も元気よく走り抜く。

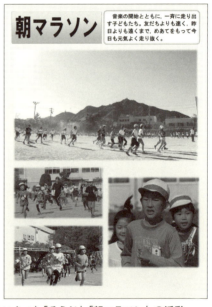

図1-3 長良小学校における「こどう」「あいさつ」「そうじ」「朝マラソン」の活動

2章

「たくましさ」を培う教育の創造

岐阜市立長良小学校

　長良小学校では，3年を一つのサイクルとして，研究発表会を行っている。以下は，平成 27 年度研究発表会研究要録をもとに記述している。

▍1節　長良小学校の研究主題について

1．はじめに

　本校は，これまで一貫して「子どもの側に立つ教育」を標榜し，実践してきた。子どもたちを，「よりよく生きようとするかけがえのない人間」ととらえ，子どもの可能性を信じ，常に子どもを正面に据え，子どもの主体性を育てることを目指して歩んできた。子どもたちを取り巻く環境や教育に対する国の動向が，どのように変化しようとも，そうした変化に主体的に対応し，これからの社会を「たくましく生きぬいていく人間」を育てる教育はどうあるべきかを究めようとしてきた。

　そうした歩みは，本校の教育目標「郷土を愛し人間性豊かに生きぬくたくましい子」の具現を目指した歩みともいえる。長良っ子の姿を「自主」「連帯」「創造」「健康」の四つの視点から具体化し，教育課程に位置づけ，日々実践していくことで，目指す子ども像に近づいていくことができると考えている（図 2-1）。

2．研究主題設定の理由

(1) これまでの歩みと長良小学校の実態から

　平成 24 年度研究発表会[1]では，「たくましさを培う教育の創造」を研究主題に掲げ，「たくましさ漲る授業」と「たくましさを培う目的的な一日の創造」の二点から「たくましい長良っ子」の姿に迫った。そこでは，以下のような成果（○）と課

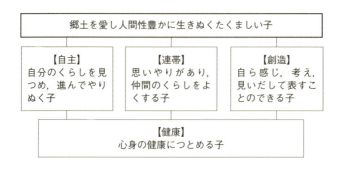

図2-1　長良小学校の教育目標

題（●）が明確になった。

○学習に対して意欲的に取り組むことができる。
○仲間とともに，よりよい考えを求め続けようとすることができる。
●自分の感じ方・考え方の根拠を確かにしようとしたり，仲間の感じ方・考え方
　を取り入れて新たな感じ方・考え方に高めたりすることなど，納得できるまで
　追求し続ける力には課題がある。

　学習に対する意欲の面では，大きな成果が得られたものの，仲間との学び合いを
通して，教科の本質に迫り，解決できるまで追求し続ける「たくましさ」について
は，課題が残ったといえる。
　また，平成27年度の「全国学力・学習状況調査」の結果では，国語・算数・理
科ともに全国の平均正答率よりも高いポイントであった。さらに本校の傾向として
は，特にB問題について，全国の平均正答率よりもかなり高いポイントであった。
平成24，25，26年度も同様な傾向であったことから，これは昨年度までの研究に
よって得られた成果の一つであるととらえている。そうした中で，次のような課題
もみられた。

●問いに対する理由や考えを表現する記述問題について，正答率が全国平均程度
　のものがある。

1　長良小学校では，3年を一つのサイクルとした研究を行っており，その最終年度に研究発表会を
　開催している。たとえば平成24年度研究発表会は，平成22年度から24年度の3年間にわたる
　研究の成果を発表したものである。

●学習意欲は高く，各教科とも「好き」と答える子どもが多い。しかし，それら
が生活に役立っていると自覚しながら学習している子は多くない。

この傾向は，「判断の根拠や理由を示しながら自分の考えを述べることの苦手さ」
「自己肯定感や主体的に学習に取り組む態度，社会参画の意識の低さ」等の国の傾
向と合致する。子どもが自らの力を育み，自ら能力を引き出し，主体的に判断し，
行動するところまで求めていく必要がある。

これらをふまえ，平成25年度から27年度の3年間では，これまでの研究主題
は継続しつつ，サブテーマ『乗り越える場』を設定し，『自らの高まりの自覚』に
迫る授業を掲げ，1単位時間の学習過程に「意図性・必然性のある乗り越える場」
を位置づけて実践を進めることにした。

(2) 教育の今日的課題から

高度情報化，グローバル化，少子高齢化等，子どもたちを取り巻く社会は，急激
に変化してきている。その来るべき変化さえも予測困難，予測不能な社会とまでい
われている。

これからの世の中を担っていく子どもたちには，こうした社会の変化に受け身で
対処するのではなく，主体的に向き合って乗り越え，自立した人間として，他者と
協働しながら未来を切り開いていく力（生きぬく力）が求められている。

私たちはそうした社会の中でも，願いをもち，その実現に向けて，自分から（自
主），仲間とともに（連帯），工夫して（創造），最後まであきらめず（健康）にや
りぬく子を目指していく必要がある。この目指す子ども像は，長良小学校の教育目
標を具現した子どもの姿であり，国が求めるこれからの社会を「生きぬく」子ども
像に相違ない。

課題にぶつかっても，身につけた知識や技能，思考力，表現力，創造力やコミュ
ニケーション力，コラボレーション力といったスキルを駆使して，その課題を必死
に乗り越えようとする「たくましさ」を培うことこそが目の前の子どもたちにとっ
て必要であると考えるに至った。

3. 研究主題

上記のような実態や今日的課題をふまえ，研究主題として**たくましさを培う教育
の創造**を設定している。

「たくましさ」は次のように定義している。

- たくましく生き抜くためには，どんな困難に直面しても，主体的に立ち向かい「乗り越える力」を身につけることが重要で，「たくましさ」は「乗り越える力」をもった「主体的な自己の姿」である。
- 「たくましさ」は，心の豊かさに裏打ちされたとき，より確かなものとなる。

▊ 2節 研究の視点と平成27年度の取り組み

私たちは，次の三つを研究の視点として，研究実践に取り組んできた。

- たくましさを培う教育課程の編成
- 個人研究のさらなる推進
- 自己実現を図る力を育てる「いぶき」

1. 「たくましさ」を培う教育課程の編成について

平成27年8月の中央教育審議会教育課程企画特別部会は，その論点の一つとして，学習指導要領等の理念を実現するために必要な方策としての「カリキュラム・マネジメント」の重要性を示している。これまでも，教育内容の質の向上に向けて，教育課程を常に見直していくことが重視されてきたが，「子どもたちにどのような力を身につけさせていくか」という新しい学習指導要領等の理念をふまえ，「各教科等の教育内容を相互の関係で捉え，学校の教育目標を踏まえた教科横断的な視点で，その目標の達成に必要な教育の内容を組織的に配列していくこと」を意識して教育課程を見直すことが大切であるとしている。

そこで私たちは，改めて全教育活動を「たくましさ」の視点でとらえ直すと同時に，「各教科・領域で身につけた資質・能力を発揮し，共鳴し合うための新たな枠組みを構築すること」を試みることにした。

(1) 「たくましさ」の視点によるとらえ直し

まず，全教育活動における「たくましさ」を定義し，さらに「自主」「連帯」「創造」「健康」の視点から目指す子ども像を明確にして「各教育活動におけるたくましさ」一覧表を作成した。そのうち，教科，道徳，特別支援等の部分を表したのが表2-1である。それらを「個人研究における各教科・道徳・特別支援教育の充実」「特別活動及び学校の創意を生かして行う教育活動（ひらがな活動）の充実」「今日的な課題に対する教育及び基本的生活を醸成する教育の充実」につながるよう実践し

表2-1 教科・道徳・特別支援等における「たくましさ」

	国語	社会	算数	理科	音楽	図画工作	家庭科	体育	英語	道徳	特別支援	言語通級
た く ま し さ	言葉を手掛かりとして考え、言葉を駆使する子	人々の知恵や努力に鋭く迫り、事象のもつ意味を解してその生き方に着目し、ひたむきに歩む子	根拠となる数理を発見・判断し、表現できる子	自然の不思議さを巧みさを科学的に追究し、その成り立ちを明らかにする子	思いの具体に向かってよりよい表現を求めて演奏したり歌ったりする子	願いを形に表すために、夢中になって創作し続ける子	自己の生活を見つめ、自分や家族のためによりよい家庭生活しようと働きかけることに喜びを感じる子	目指す動きを自ら求め、身近な考え方から夢中になって運動する子	獲得した英語の知識や技能、身体を使い、積極的にコミュニケーションを楽しむ子	主人公の生き方や、仲間の考え方から使い見つめ、よりよい自己の生き方をいかす子	「もっとやりたい」と仲間とともに取り組み、「できた」と満足の足をする子	「やってみよう」と課題に取り組み、仲間とともに取り組み、「今度もがんばる」とより自信をもつ意欲をもつ子
自 主	言葉を手掛かりとして互いの考えを取り入れることを通じて考えを集約する姿	自らの視点から、事象から意味の根拠を求める姿	課題解決の見通しをもってその解決のために粘り強く問題に取り組む姿	見通しをもって主体的に追究し、科学的な問題解決に決まる自然の成り立ちを見いだす姿	楽曲に対する願いをもち、よりよい美しい響きを求めて表現する姿	願いを実現にもち、夢中になって作品をつくる姿	家族の一員として、家庭の目の仕事の意味かけや自ら求める姿	「できるようになりたい」と指す動きに向かい、何度も繰り返し活動する姿	英語に興味・関心をもち、積極的に聞いた話したりする姿	自分なりに捉えた価値観を進んで伝える姿	課題に向かって、続けてやりぬく姿	願いや目標をもち、見通しをもって課題に取り組む姿
連 帯	学び合いを通して互いの考えを取り入れることを通じて考えを集約する姿	人々の知恵や努力に鋭く迫る新たな考えを取り入れながら考える姿	多様な考えをともに、新たな知識、技能を発見する姿	多様な見方や考え方から、自分で考えを確かめ発見の確かさを追求する姿	仲間と声を合わせる、音を合わせることの喜びを感じ、互いの音を聴きながら表現する姿	仲間の作品のよさを取り入れたり、仲間に広めたりする姿	家庭の仕事の意味や難しさを学び、家族の一員としての喜びを感じ取れる姿	仲間と学び合い、励まし合うことで目指す動きに向かってともに高め合う姿	仲間と思いを伝え合い、コミュニケーションを楽しむ姿	仲間の考えを取り入れながら、新たな価値観を獲得する姿	励まし合って取り組む姿	教師を「相談する」という理解と課題に取り組む姿
創 造	学び合いから得られた新たな考えや、自分の考え方を自分のものとして表出する姿	人々の知恵や努力を決め、自分の生き方を返して表す姿	発見した数理や既習を駆使して、自分の生き方に表現する姿	事実をもとに、新たな見方や考え方を構築する姿	よりよい音楽表現を目指して、曲に合った表現方法や練習方法を工夫する姿	素材から発想をふくらませ、創意工夫して創作する姿	自己の生活を見つめ、家族のためによりよい家庭生活を築こうと働きかける姿	自他の動きを見つめ、その動きのよさを考え、理解し、よりよい動きを追発する姿	より豊かな表現を求めて、表情などを工夫し、コミュニケーションを楽しむ姿	思慮深く考え、自分らしいくらしのよりよい生き方を創り出す姿	やり方が分かり、自分なりに工夫する姿	学んだことを生活に生かそうとする姿
健 康	・仲間の前で、自信をもって自分の考えを表出できることに喜びを感じる姿 ・相手に伝わったことに喜びを感じる姿					・自他の作品のよさや美しさを感じ、技能を獲得した知識、技能をもとに課題解決できたことに喜びを感じる姿 ・新たに獲得した知識、技能をもとに課題解決できる姿						

てきた。

(2) 自己実現を図る力を育む「いぶき」の創造

　本校の教育課程における教科・領域と子どもたちの生活を有機的につなぐ時間として「いぶき」（創意の時間・朝の会・帰りの会の時間を当てている）にその役割をもたせた（図2-2）。教科・領域で身につけた力は，生活の中でも横断的に発揮され，相互に共鳴し合うことが求められている。さらにその力が，生活へと生かされ，自己の生き方へと反映されることを願っている。

2.　個人研究のさらなる推進について

(1) 教科の本質に根ざした個人研究

　私たちは，「たくましい教師のもとでこそ，真にたくましい子どもが育つ」と考えている。本校は，伝統的に一人一人の教師が専門教科の指導力を磨き，それをもとに教師自身が教育観を確立することを目指している。一人一人が自分の研究テーマを掲げ，教科部・ペア教科部を中核にして日々の研鑽に努めている。一人一人の教師が，教科の魅力を実感し，教科に精通した指導力を向上させ，教科の本質に迫る授業を創造しようと全精力を注ぐ。その営みによって教科の専門性に裏打ちされた教師の人間味が増し，人間性が磨かれていくと考えている。

(2) 共通の視点──たくましさ漲る授業の追求

　前述のように，平成25年度から27年度の3年間は，全校研究主題「『たくましさ』を培う教育の創造」にサブテーマとして「乗り越える場」を設定し，「自らの高まりの自覚」に迫る授業を位置づけ，研究実践を進めていった。

　私たちは，どの授業においても，一人一人が「自らの高まりの自覚」に至ることを目指している。

　学習過程でいうと，「焦点的な課題設定（課題把握）」→「問い続ける追求」を経て，「自らの高まりの自覚」へとつながっていくと考える。自らの高まりは，問い続ける追求の出口と重なる場面である。つまり，問い続ける追求をし続けたところに教科，領域の本質に迫る「高まり」があると考える（図2-3）。

　また私たちは，共通の視点として次の二点を学習指導案に明記している。

《学校の教育目標》
郷土を愛し人間性豊かに生きぬくたくましい子 [自主][連帯][創造][健康]

ひらがな活動

◆ くらし（学級活動）
〜自主性〜

◆ みずのわ（児童会活動）
〜連帯性〜

◆ いずみ（クラブの時間）
〜創造性〜

◆ こどう（総合的な学習の時間）
〜健康性〜

いぶき（朝の会・帰りの会）

[たくましさ]
目的的に生きるために、一日の生活に立ち向かう気構えをもち、自らの課題とやり遂げるための方途を明らかにして、粘り強くやりぬくことで、自己実現の喜びを味わい、次の自己課題に向かう子

[自主]
自己を見つめ、課題を明確にし、粘り強くやりぬくことで自己実現を図る姿

[連帯]
仲間の課題を共感的に受けとめたり、その達成に向けて支えあったり、やり遂げた仲間のすばらしさをともに喜び合う姿

[創造]
自分のくらしから見つめた課題を達成するための方途を工夫し、明確にする姿

[健康]
支持的な風土に支えられ、仲間に自分の考えを力強く宣言する姿

教科・道徳・特別支援等
・国語　　・社会
・算数　　・理科
・音楽　　・図画工作
・家庭科　・体育
・英語　　・道徳
・特別支援・言語通級

今日的な教育課題
基本的な生活にかかわる教育
・生徒指導（あいさつ）
・生徒指導（そうじ）
・進路指導　・人権教育
・環境教育　・情報教育
・食に関する指導
・健康教育（朝マラソン）

図2-2　長良小学校の教育課程

27

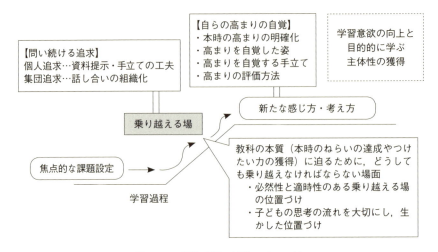

【問い続ける追求】
個人追求…資料提示・手立ての工夫
集団追求…話し合いの組織化

【自らの高まりの自覚】
・本時の高まりの明確化
・高まりを自覚した姿
・高まりを自覚する手立て
・高まりの評価方法

学習意欲の向上と
目的的に学ぶ
主体性の獲得

乗り越える場

新たな感じ方・考え方

焦点的な課題設定

教科の本質（本時のねらいの達成やつけたい力の獲得）に迫るために，どうしても乗り越えなければならない場面
・必然性と適時性のある乗り越える場の位置づけ
・子どもの思考の流れを大切にし，生かした位置づけ

学習過程

図2-3　1単位時間の授業のイメージ

- 「高まり」を生む手立て（「乗り越える場」として展開案に記載）
- 本時における「自らの高まりの自覚」

　本時の「高まり」の自覚に至るためには，どの授業にも乗り越えなければならない壁が必ず存在すると考える。その場においては，子どもの追求は一旦は行き詰まる。この行き詰まったときこそ，子どもにさらなる課題追求の必要感が生まれ，学級全体が緊張感を高めた状態になる。そのとき，子どもは鋭く自己の追求を吟味し，他者の意見や考えを取り入れながら，全身全霊をかけて思考する。そうして新たな感じ方・考え方を獲得してその壁を乗り越えていくのである。行き詰まりを乗り越えた子どもたちは，自らの高まりを自覚し，できたという喜びや教科の本質にもとづいた楽しさを心の底から味わうであろう。その喜びや楽しさがわかった子どもは，さらに学習意欲を高め，目的的に学ぶという主体性を身につけていく。そのことが「生きぬく力」を身につけることにつながり，全校研究主題「『たくましさ』を培う教育の創造」の具現を図ることができると考える。

　学習指導要領で重視されている思考力・判断力・表現力の育成についても，まさにこのような「乗

り越える場」を位置づけた授業でこそ迫ることができると考える。

　私たちは，必然性と適時性のある乗り越える場によってこそ，一人一人が高まりに至ることができると考え，本時における高まりを明確に位置づけるとともに，「**必然性と適時性のある乗り越える場**」「**高まりの自覚に迫る手立ての構築**」についての実践検証をしてきた。特に今年度意識して指導にあたっているのは以下の点である。

- 子どもの思考の流れを重視し，個々の多様な考え（姿）の背景にあるものを正しくとらえているか。
- 「乗り越える場」は子どもにとって，必然性があり，またタイミングを逃さず，再思考させることができているか。
- 個々の感じ方・考え方を，さらに深めたり，高めたりするために，子どもの思考の整理・組織化による働きかけなどの意図的・計画的な手立てを打っているか。
- 「乗り越える場」は，教師が用意するばかりでなく，子どもたち同士で乗り越え，高まろうとする姿はみられるか。
- 子どもたちが，自らの高まりを自覚できるような学習活動の位置づけ，時間的な確保はなされているか。

　次に，①「必然性と適時性のある乗り越える場」，②「高まりの自覚に迫る手立ての構築」について，各教科等の実践例をいくつか紹介する。

　教科部ごとに，「乗り越える場」や「高まりを自覚する手立て」の内容は当然異なる点があるが，その後の子どもの変容という点では，共通した姿がみられる。

①必然性と適時性のある「乗り越える場」

実践例

３年生　社会科　岐阜えだまめを育てる農家

本時のねらい

　Ｎさんが，枝豆の収穫数が減ってしまうのにもかかわらず広い植え幅で枝豆を植えているのは，粒が大きく傷の少ない枝豆を育てることができるからであり，さらには岐阜の枝豆農家としての誇りをもって生産しているということがわかる。

授業の実際

　「Nさんが，とれる数が少なくなるのに，枝豆を25センチ幅で植えるのはなぜだろう」という課題に対して，子どもたちは「25センチあれば，葉が当たらなくて傷がつかない」「風通しがいいから育ちやすい」と，枝豆畑を再現したジオラマで実際に確かめながらNさんの営みの価値を考える姿に高まっていった。そこで，このような認識をもった子どもたちに，Nさんの岐阜枝豆に対する愛着や誇りに迫るために，次のような発問を行った。

乗り越える場（深めの発問）

「Nさんが，そこまで枝豆の大きさや傷がないことにこだわるのはなぜだろう」

「Nさんは，枝豆の見た目にもこだわっているとは思うけれど，やっぱり大きくて傷がないおいしい岐阜枝豆をたくさんの人に食べてもらいたいんだと思うよ。有名な岐阜枝豆のおいしさにこだわっているからこそ，とことんよいものを目指して，枝豆をつくり続けているんだと思います」

　枝豆の出来具合について追求してきた子どもたちに「乗り越える場」として，Nさんの願いにつながる発問をすることで，利益の追求だけでなく，岐阜の枝豆に愛着と誇りをもって生産しているというNさんの願いに迫る姿に至った。この「乗り越える場」によって，子どもたちは，Nさんの枝豆生産におけるこだわりだけでなく，「より多くの人に，大きくておいしい『岐阜枝豆』を味わってもらいたい」という生産者の強い願いに目を向けることができた。

> 実践例

４年生　体育科　ポートボール

本時のねらい

　味方がボールを持ったらシュートができるスペースに素早く走り込み，得点をするゲームができる。

授業の実際

◆ 導入時における子どもたちの発言

T：赤チームは，前の時間にたくさん得点しているけれど，何か攻め方に工
夫があったのかな。

C：（赤の攻撃は速かったよね。）

T：ん？ 「速かった」ってどういうことCさん。

C：赤は，Sさんがボールをカットすることが多くて，そうすると，Aさん
とKさんが，そのときに台（ゴール）に向かって速く行くから，たくさ
んシュートができていると思います。

子どもたちは，ボールを持ったらすぐにゴールの近くに移動して攻めることの
よさを前時の赤チームの攻め方から理解した。そして，自分たちもよりたくさん
得点をするために，「味方がボールを持ったらすぐにゴールの近くに移動して攻
める」ことを課題とし，追求を始めた。

これまで味方の真横にポジションをとっていた子どもたちの中に，「味方がボー
ルを持ったらすぐにゴールの近くに移動して攻める」という縦の意識がみられる
ようになった。そしてうまく得点までできる姿が増えてきた（図2-4）。

しかし，シュートにつなげるための動きが高
まってくると同時に，守りの意識も高まってき
て，なかなかうまく得点ができなくなってきた。
子どもたちからも「守りも速くなった！」「Aさ
ん，もっと早くゴール前に行ってよ！」などと
いう声が聞かれるようになった。得点をもっと
したいという子どもたちの願いと，どうしたら
うまく攻められるのかという戸惑いが高まって
きたタイミングで中間研究会を行った。

図2-4　前半追求時のゲームの様相

◆ 中間研究会での子どもたちの発言

T：守られてうまく攻めることができないって言っているけれど，だったら，
どこに動けばいいの？

C：ゴールの正面が無理だから，横とか右とか，ゴールの向こうとかに行けば，
ねらえると思います。

C：わたしも似ていて，まっすぐゴールの近くが無理だったら，少し離れた
ところでもいいから，パスがもらえるところに動いて攻めるとうまく攻
められると思います。

「乗り越える場」として中間研究会を位置づけ，教師が下線部のような「空間

図2-5 中間研究会後のゲームの様相

の把握を視点とした発問」をしたことで，子どもたちは，シュートができるスペースに着目し，「ゴールの近く＝ゴールの正面」ではなく，「ゴールの近くのシュートのできるいろいろな場所」に着目して攻めることが必要であると考えるようになった。

　ボール保持者とゴールの位置から，得点をねらえる場所を考え，素早くゴールの近くでシュートができる場所に移動するというようにゲームの様相が高まっていった（図2-5）。さらに両手を上げ，ボールを要求していることからも，「今ならボールがもらえる。シュートがねらえる」と動きの高まりを自覚しながら活動する姿もみられるようになった。子どもたちが必要と感じているタイミングに，「空間の把握」を視点とした適切な「乗り越える場」を位置づけることで，よりねらいに迫る子どもたちの動きが生まれることを実感した。

②高まりの自覚に迫る手立ての構築

実践例

４年生　国語科　飼育活動新聞をつくろう

本時のねらい

　「３年生に飼育小屋に来てもらいたい」という願いをふまえて，うさぎの様子について書いたメモを同じ内容でまとめたり，伝えたい順に並べたりすることを通して，相手や目的に応じて新聞に書く新しいことがらを選材することができる。

高まりの自覚に迫る手立て

　国語の「書くこと」の学習において，高まりを自覚する手立てとして，次のような学習過程を位置づけ，取り組んできた。

　授業の終末において，以下の二点を行った。

　①五分間，振り返りの時間を設定し，できるようになったことを書きまとめる。

　②書きまとめた「できたこと」を学級の前で発表し，仲間と高まりを確かめ合う。

授業の実際

　Aさんは，本時前は，「たくさん伝えたいことがある」と話していた。本時，バラバラだった取材メモを整理することを通して，自分が伝えたいことは「好きなものや好きなこと」であると決め出した。

　教師は，Aさんが割りつけをした紙面を見て，次の授業記録にある下線部①の問い返しを行った。それによって，Aさんが自分の思いと紙面を照らし合わせたことが，下線部②のような根拠として語る姿につながった。この根拠が明確になったことを仲間にも認められ，自身が多くのメモから選材できたことを実感できたと考える。

T：今日は，願いに合うように伝えたいことを選んで新聞をつくり始めよう
　　という課題で取り組みましたね。今日，ここまで私はできたということ
　　を教えてください。
A：私は，ここに見出しをつけるところまでできました。（実物投影機で示す）
T：①どうして，好きなものや好きなことという見出しをこの大きさで書い
　　たのかな。
A：私は，飼育を楽しんでもらいたいという願いで書いていて，②好きなこ
　　ととかをたくさん知っておくと，飼育を見に来たときにウサギさんが好
　　きなことをいっしょにやれるから，このことを一番伝えたいと思って書
　　きました。
T：Aさんの新聞には，決めた見出しのところに調べた「ウサギさんの好き
　　なこと」をいっぱい書けそうだね。今日課題に向かって取り組んだことが，
　　次の時間の学習にもしっかりつながりそうだね。

　次時にでき上がったAさんの新聞には，「好きなものや好きなこと」という見出しのもと，紙面のおよそ半分を割いて記事が書かれていた。このことから，Aさんが本時で，選材を通して学んだことを自己の高まりとして自覚できたことが，次時に迷うことなく新聞を書き上げる姿につながったと考える。

1年生　音楽科　はくをかんじてリズムをうとう
「しろくまのジェンカ」

本時のねらい

　「たん（うん）たん（うん）たんたんたん（うん）」のリズム打ちを加えて歌うことでもっと楽しい白くまのダンスを表せることに気づき，膝を弾ませて拍を感じ取ったり，伴奏のリズムに合わせて膝や手で休符の間をとったりしながら，音楽にぴったりと合ったリズム打ちをして歌うことができる。

高まりの自覚に迫る手立て

　音楽の学習で高まりを自覚する手立てとして，授業の終末において，これまで継続して次の二点を実践してきた。

①「よりよい表現ができるようになった」と自信をもって歌う場を設定する。
②教師からの価値づけを加える。

　本時での授業に即して言いかえると以下のようになる。
①膝や手で正確に休符の間をとったリズム打ちを仲間と合わせながら，「リズムに合わせて楽しく歌えた」と自信をもって歌う「ステージ歌い」を位置づける。
②「正しいリズム打ちができたこと」と「リズム打ちを加えることで，楽しいジェンカになったこと」を価値づける。

授業の実際

C：今日も「ステージ歌い」できる？
T：じゃあ，ばっちりすてきな歌になったから，「ステージ歌い」をしましょう。
C：（自信満々に移動し，整列する）
T：では，膝と手でお休みをしっかりとりながら，楽しくリズム打ちして，お母さんと赤ちゃんのジェンカを応援しましょう。
C：（ステージに上がれたことに誇りをもち，笑顔で，口を大きく開け，膝や手をよく動かして間をとりながら歌う）
T：みんなのジェンカ，膝や手でお休みしながらリズムをぴったり合わせて歌ったから，すごく盛り上がって楽しくなったね。お母さんや赤ちゃん

がノリノリで踊っている感じがしたよ。また，みんなでリズム打ちしながら歌おうね。

　1年生の子どもたちにとって，音楽室のステージに上がって歌うことは誇らしいことである。授業の出口で，あえてステージに移動して歌うことで，それまでの表現追求の活動と区切りをつけ，本時身につけた最高の表現で歌おうとする意欲の高まりがみられた。実際に，ステージ上の子どもたちは，本時最高の笑顔と口の開き方を見せ，体全体を使ってリズム打ちをしながら歌うことができた。これも，授業の終末にステージ合唱という場を位置づけた効果だととらえている。

　さらに，ステージ合唱をしている間に，教師がステージの端から端まで歩き，一人一人の顔を見て指でOKサインをつくって見  せたり，価値づけたりすることで，一人一人が自身の表現を認められていると感じ，意欲の高まりや表現の豊かさにつなげる様子がみられた。合唱後に本時のねらいとつなげた価値づけを行うことも，本時身につけさせたい力を確実に身につけ，次時に向かうために効果的であると感じた。

▌3節　自己実現を図る力を育てる「いぶき」

1．目的的に生きる「主体的な自己」

　長良小学校では，子どもが，自己の希望と意欲に燃えて一日の学校生活を始め，学習や諸活動を通しての達成感や充実感から，自己実現の喜びをもち，自己の価値を見つけていく活動として，「いぶき」（朝の会・帰りの会）を大切にしてきた。学校の教育目標の「自主性」を育むことをねらいとし，**自分づくりを目指す場**である。

　「朝のいぶき」では，昨日より続く今日一日の学習や生活の中で，挑戦してみたいという強い意欲と，やり遂げようとする揺るぎ  ない意志が基盤となる。その上で，自らがめあてに立ち向かう姿勢づくりをする。一日を目的的に生活した子どもは，「帰りのいぶき」において今日一日の学習や生活を見つめ直し，獲得した知識や技能，真剣に取り組むことができた学習姿勢や態度を成果として実感する。そして，今日の課題を

明らかにして明日のめあてへとつなげていく。こうした営みが，長良小学校が大切にしてきた「いぶき」の時間である。

　急速に変化し続ける現代社会を生きぬく力として身につけなければならないのは，自分の夢や志をもち，その実現に向けて歩んでいく主体性であるからこそ，**目的的に生きる態度を育む時間である**「いぶき」は，より重要性を増している。

　図2-6に示したグラフは，平成27年度の「全国学力・学習状況調査」において，本校の6年生が回答した結果である。

　長良小学校では，自身の将来に期待し，夢と希望をもって毎日を生活している子どもが多いことを示している。また，自分に必要な学習が何かを考え，計画的に学習に取り組む自学が成立しつつあることがわかる。

　これらの結果から，長良小学校の子どもたちは，将来の自分に夢や希望をもち，その実現に向けて自身の力で計画していく力が育ってきていると考えられる。その要因として，「たくましさ漲る授業」や「子どもたちの生活」を束ね，つなぐ時間として「いぶき」の果たす役割が大きく，「いぶき」は，**「自己実現を図る力をもち，目的的に生きる主体的な自己を育成することができる」**と再認識することができた。

　平成25年度から27年度の3年間の研究の中で，これまでの長良小学校で大切にされてきた「いぶき」の意義をとらえ直すとともに，自己実現を図る力を育てる「いぶき」として，さらに進化・発展させ，その価値に迫り，目の前の子どもたち

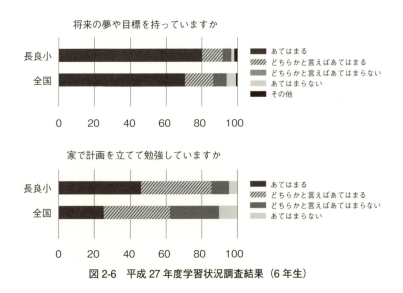

図2-6　平成27年度学習状況調査結果（6年生）

に生涯にわたって生きぬく力を育む「いぶき」のあり方を追い求めてきた。

2. 自己実現を図る力を育てる「いぶき」の指導

　私たちは、「いぶき」で求めるたくましさを、**目的的に生きるために、一日の生活に立ち向かう気構えをもち、自らの課題とやり遂げるための方途を明らかにして、粘り強くやりぬくことで、自己実現の喜びを味わい、次の自己課題に向かう姿**とし、生涯にわたって生きぬく力を育てることを目標に掲げている。そして、次の三点について研究を進めてきた。

(1) 自己実現を図る力の明確化

　目的的に生活する子どもたちの内面を見つめ、一人一人の子どもに、生涯にわたって生きぬく「自己実現を図る力」を育むことを目的として、実践を重ねてきた。その結果、図2-7のような「自己実現を図るための要素」が明確になってきた。

　自己実現を図る力の要素は、「自己決定力」と「自分見つめの力」を中心にそれらに付随する要素から成る。これらは、「いぶき」の時間の意図的な指導を通して高められる。しかし、自己実現を図る要素の高まりには、自己肯定感の高まりが不可欠であり、支持的な風土の漂う学級の中でこそ、子どもたちの自己実現を図る力は高められる。

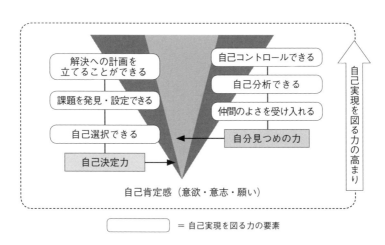

図 2-7　自己実現を図る力の要素の概念図

	「朝のいぶき」でのめあてづくり	「帰りのいぶき」での振り返り
《低学年》 個の顕在化	力一杯行う活動を通して，自己の顕在化を図り，今日一日への意欲をもつ。	自分や友達のがんばりを見つけ合って，家へのおみやげ話等をもって帰る。
《中学年》 一日の課題の明確化	仲間との学習や生活の中で，自分はどんな学び方をしていきたいのか，今日一日の課題は何なのかを明確にする。	一日の学習や生活を仲間の中で反省し，さらに明日はどうしたらよいのか意欲と見通しをもつ。
《高学年》 長期的展望の中での計画化	一週間，あるいは単元の中で，今日一日の課題を明確にして，追求への意欲化と追求方法の具体化を図る。	長期的展望の中で今日一日の自己を振り返り，さらにどうしていくか緻密な計画化を図る。
《はぐるま*》 生活への意欲化	身体を使った力一杯の表現活動を通して，心身の活性化を図り，今日一日の生活への意欲をもつ。	賞賛のスキンシップや言葉によって，明日の学校生活への期待感をもつ。

＊「はぐるま」は，長良小学校の特別支援学級の呼称である。

図2-8　めあてづくりの系統性

(2) 自己実現を図る力の高まりの系統

　自己実現を図る力を高めるためには，ただ，毎日の「いぶき」の活動を繰り返せばよいとはとらえていない。自己実現を図る要素を意識し，発達段階や目の前の子どもの実態をとらえた6年間の系統的な指導が重要である。めあてづくりについては，図2-8のような指導の系統がある。

　各学級の「いぶき」の活動を通して，担任が重点となる要素を意識して意図的に指導し，自己実現を図る力を高めていけば，**目標をもった生き方のサイクルを態度から習慣にまで高める**ことができ，将来にわたって生きぬく力となると考えている。

(3) 意図を明確にした指導

　「いぶき」の時間の活動内容には，子どもと教師が知恵を出し合って決め出してきた歩みがある。「**どのように活動するか（方法）**」だけにとらわれず，「**何のためにその活動をするのか（目的）**」を子どもたちと教師が共有して取り組むことが大切である。それに加えて，自己実現を図る「いぶき」では，各活動に「自己実現を図る力を育む」視点からとらえた教師の指導の意図を明確にして実践している（図2-9）。

　教師は，各活動で目指すたくましい姿を描き，「朝のいぶき」では，目的的に生活しようとする子どもと一緒になって，一日の生活に向かう気構えをつくり，「帰

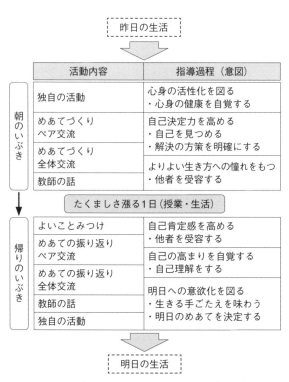

図 2-9　自己実現を図る力を高める指導（例）

りのいぶき」では，一日の高まりをともに喜び合い，達成感や充実感に浸りながら明日への意欲へとつなげていくのである。

　具体的な「いぶき」の活動と指導の流れについては，本章末に掲載した「いぶき指導案」（図 2-10）の例を参照されたい。

3. 「いぶき」の活動とは

(1) 学級文化の漂う「学級独自の活動」

　今日一日の生活に向かう気構えをつくる時間として，どの学級も独自の活動が仕組まれる。その目的は心身の活性化を図り，自己を開放すること，さらに，学習や生活への意欲を高め，所属感や学級の凝集力を味わうための時間との意図をもって仕組まれる。独自の活動には，歌・リズムダンス・大縄跳び・綱引き・自然観察・群読・タングラム・遊びなどがあり，「いぶき」の名の通り，活気・勇気・生気・

元気など，「いぶく」姿を求めて教師の専門性を生かしながら子どもたちとともに
つくり上げられ，高められていく。

　以下に実践例を示す。

実践例

1年生　回れ動物ランド

　朝マラソンが終わり，息をはずませながら教室に戻ってくると，子どもたちはすぐに机を運ぶ。いぶきの時間の最初に行うのは「動物さんのさんぽ」のための場の準備である。この活動を楽しみにし，早く始めたいという気持ちが伝わってくる。音楽を流すと，すぐに動物になりきって体を大きく動かしながら歩く子どもたち。「○○さんの足の動きがクマさんにそっくりだね」「○○さんはとても恐そうなワニさんだ」など，声をかけるたびに自分の自慢の動きを見てほしくて，さらに子どもたちは生き生きと動く。心身ともに活性化され，一人一人のよさがあふれる学級の雰囲気の中，1年1組の一日がスタートする。

実践例

6年生　6-1の舞

「構えー！！」「ハーッ！！」
　全校に声と足音が響く6年1組の舞。みんな同じように舞っても，一人一人の思いは違う。自分らしい姿を自分らしいこだわりで生み出すことで，自己開放でき，今日一日に立ち向かう気構えをもつことができる。「Ｉさん，今日は腰が低くて力強い」「Ｍさん，クラスで一番声が出ているよ」と，一人一人のよさを価値づけていくことで，子どもはさらに自分らしい舞に没頭する。誰よりも大きな動きでやりぬいたＫさんは，肩で息をしながら，めあて交流に向かっていく。やる気に満ちた一日のスタートを切った姿だ。

(2) 意志あるめあてづくり

　今日一日の学習や生活における自己のめあて（やりたいこと）を明確にし，達成するための具体的な方途まで明らかにすることで，**その子らしい生き方のにじみ出た意志あるめあて**となる。そして，たくましさ漲る授業やたくましい一日の生活に挑み，自らの高まりの自覚をすることで，自己実現の喜びを味わうとともに，次の自己課題を生み出していく。意志あるめあてづくりは，次のような指導によって生み出される。

- 授業や活動の目標や内容を明確に知らせる。
- 課題解決の方法や見通しがもてるように，教科の学び方を身につけるとともに，具体物などを使ってめあてをくわしく伝える力をつける。
- 教師の問いかけにより，その子らしい生き方を引き出そうとする。

　以下に実践例を示す。

実践例

6年生　速く泳げるようになりたい

N：今日の体育では，平泳ぎをやりますよね。去年は，どうしても足が伸びてしまったから（①），今日は，水を蹴るときに，足が伸びないように練習して，速く泳げるようになりたいと思います。

K：どうやってやるの？

N：去年はこうなってしまいました。だから，膝を曲げるときに足首もぐっと曲げて，そのまま足の裏で水を押すような感じでやりたいと思います（②③）。

K：実際にやってみて。見たい。

N：（いすを並べて，実際にやってみせる）

　自己実現を図るために，めあてづくりにおいて大切にしていることは，次の点である。

①今の自分を見つめること。
②目指す姿の具体を想起できること。
③具体的方途を明確にすること。

Nさんは，昨年度の自分の姿を思い出し，自分なりの課題を見つけている（①）。そこから，今日のめあてづくりがスタートしている。その後，Kさんの声かけで，実際にやってみせることで，目指す姿の具体やそこに至るまでの方途を明らかにすることができた（②③）。

　このように，高学年においては，めあてをつくる出発点として，今の自分を知ることを大切にしている。それが自己実現を図る力の要素である「課題を発見・設定できる」ことの高まりにつながっており，自己決定力をより高めていくことである。

実践例

特別支援学級　自分のめあてを決める

　いぶきのめあてづくりは，めあてをもちにくい子どもへの丁寧な指導の場にもなる。

　行動の模倣はできるけれど，何をしているのかを理解して行動することが難しい段階のMさんは，仲間の様子を見て，勢いだけで挙手をすることが多い。学習の仕方を学んでいく段階の子どもたちには，行動様式を模倣するよさを生かし，その場で一つずつ尋ね，選んだことを価値づけて発表できるようにしていく。そして，自身でめあてを決められたことを価値づけていく。

T：今日のお勉強は，国語，体育，算数，給食，国語，社会です。1年生は，2時でお帰り，2年生は3時でお帰りです。

C：（全員が挙手をして，指名を待っている。言語の表出が難しい1年生のMさんも腕を伸ばして当ててもらおうとしている）

T：Mさん。

M：（当てられてびっくりする。「どうしようかなあ」と，自分が勢いだけで手をあげていたことを理解し始めている）

T：どれを，がんばるの。

M：（指さしで，予定黒板の3を指さす）

T：ああ，算数をがんばるんだね。じゃあ，「3」っ
てやって。

M：（指で3を出す）

T：がんばろうね。

M：（「がんばります」と言おうとする）

T：じゃあ，先生もがんばらなくちゃね。

(3) よりよい生き方を示す教師の話

　教師の話では，子どもの価値ある行為を語る。その話によって，子どもたちは自己のめあてに向かう気構えをより高めるとともに，仲間のすてきな姿と心に触れ，**よりよい生き方への憧れをもって一日の生活を始める**。そのために教師は，

- 子どもの小さな成長を見逃さない観察力
- 子どもの思いを推し量る洞察力
- 子どもの心に響く表現力

をもって，価値ある生き方をとらえ，伝えていくことが必要である。

　自分で決めためあてを達成することは容易なことではない。そこには，一人一人の思いに寄り添い，方向づけ，最後まで見届ける教師の指導がある。

　めあてを立てた子どもの思いを共感的に受け止め，教師が授業の中で活躍の場を意図的に位置づけ，めあての達成に向けて方向づける。そうすることで，子どもたちは自らの高まりを自覚し，達成感を味わう。また，**次のめあてに向かって挑戦しようとする原動力**にもなる。

　以下に実践例を示す。

実践例

３年生　価値ある生き方をとらえ，伝えていく

朝のいぶき

T：（前日のKさんの真似）
C：あ！　それ，昨日のKさんだ。
T：そう。みんな友達のこと，よく見ているね。
　　昨日のKさんの算数の授業での姿に，先生はとても驚きました。みんなに聞こえる声で話せるようになりたいというめあてを立てた昨日のKさんは，算数の時間に見事にぐんぐん伸びたね。ぴんぴたぴんで手をあげて，みんなに聞こえる声で話をするKさんからは，今日ぐんぐん伸びるんだという気

持ちが伝わってきたよ。しかも，ただ大きな声で話すだけではなくて，プレゼン話をしていたよね。めあてに向かって挑戦しながら，さらに友達の素敵なところを取り入れることもできたＫさんに拍手！　今日もみんなでぐんぐん伸びようね。

　教師の話は，前日の子どもの姿を真似ることから始めている。めあてに向かってぐんぐん伸びようと取り組んだ子どもの姿や心を教師が受け止め，学級の仲間の前で価値づける。価値づけられた子どもは，自己の生き方の価値を再認識し，自己の高まりを自覚することができる。また，聴いている子どもたちも，仲間の価値ある生き方に憧れをもつ。そして，そのことが今日のめあてを達成しようという強い気持ちに拍車をかけることになる。教師の話は，今日一日に期待と意志をもって，１時間目に向かおうとする子どもたちの姿を後押しするものである。

帰りのいぶき

Ｔ：今日の朝紹介したＫさんのように，めあてに向かって挑戦してぐんぐん伸びた子を見つけたよ。（Ｔさんの姿を示す）
　　Ｔさんは，今日の理科の時間，たくさんの事実から「つまりヒマワリは成長したといえるよ」と発表していたよね。今日は，ヒマワリを前に観察したときと比べてどうなっているのかはっきりさせたかったんだって。Ｔさんの観察記録は１３個もありました。「前と比べて今はこうなんだ」っていう記録ばかりです。事実をはっきりさせたいという思いから，これだけの証拠を集められたＴさんは，今日ぐんぐん伸びることができたね。

　朝のいぶきでの教師の話は，子どもたちの一日を方向づける。教師は，その視点で子どもたちを見つめきる。仲間の価値ある生き方に感化された子どもたちは変容を遂げる。その姿と心を価値づけることで，子どもたちの高まりのサイクルが完成する。どの子も昨日より今日，今日より明日へと高まろうとし続けるのである。

4. 今後の方向

　自己実現を図る力の高まりは，生き方の高まりであり，一概に測れるものではない。しかし，目の前の子どもの目的的に生きようとする姿を教師が深く見つめる中で，全職員で長良っ子一人一人の変容をとらえ，自己実現を図る力を高める「いぶき」についてさらに実践検証を重ねていきたい。

6年2組　いぶき指導案

日　時：平成27年10月24日（土）
場　所：6年2組教室
指導者：福地　浩太

【学級の合言葉】

自分の願いをもって高め合う

【自己実現を図るいぶきで目指す「たくましい」姿】
・朝のいぶきでは，自己を見つめ，今日こその課題と課題解決のための方途をはっきりさせて，今日1日に立ち向かう姿。
・帰りのいぶきでは，自分や学級の高まりを自覚するとともに，新たな課題をもち，明日の生活への意欲を高める姿。

解決の見通しをもつことができる子を育てるいぶき

【朝のいぶき　9：20～9：40　】

	活動	指導の意図	○たくましい子の姿　・教師の指導
1	ひろがるめ	生活と学習をつなぐ	○仲間が見付けた「発見」についての話を聴き，観察する。 ・身のまわりの自然や物に着目し，その不思議さや美しさに感動した子の見方や感じ方に共感する。
2	今日の自分の願い ・ペア交流 ・全体交流	自己課題を設定する	○自分なりの願いをもち，自己課題と課題解決の方途を具体的に語る。 ・課題を乗り越えようとする気持ちを高めるために，「あなたらしい願いがはっきりしているね，その方法なら力が付きそうだ」などと個の願いを認め，方向付ける。
3	高め合う2組の願い	高め合う課題を設定する	○班長の話から自分の生活を見つめ，仲間と高め合うための課題を考える。 ・班長からのめあてを受けて，個々の具体的な解決の見通しを確かめることで，全員で高め合おうとする気持ちを高める。
4	教師の話	よりよい 生き方への 憧れをもつ	○仲間のよさに気付き，自己の生き方を高めようとする。 国語の時間に精一杯考え続けるSさんの姿に感動しました。「考えが湧いてきたぞ！」と楽しそうな表情で追究し，ノートにびっしり考えを書いていました。何としても自分の力で課題解決をしようと取り組めるSさんだから，願いのこもった素敵な朗読ができるのだと思います。今日の授業では，最後まで，自分の力で考え続け，仲間と高め合い，高まった証拠を残せるようにがんばりましょう。

たくましさ漲る授業・生活（自己の高まりの自覚）

【帰りのいぶき　13：30～13：50　】

	活動	指導の意図	○たくましい子の姿　・教師の指導
1	願いをもってやりぬいた自分	自己の高まりを確かめる	○自己課題に向かってやりぬいたことを具体的に語る。 ・自己課題の解決に向かって取り組んだ証拠を示しながら，自己の高まりを具体的に語る姿を価値付ける。
2	願いをもってやりぬいた仲間	自己の高まりを実感する	○願いをもって高まっている仲間のよさをカードに書き，手渡す。 ・とことんがんばっていた仲間のよさを具体的に書く姿から，仲間を大切にする思いを価値付ける。 ※朝，全体交流でめあてを語った子がめあての振り返りを語る。 ・個の高まりにつながった「解決の見通しをもって自己実現に向けて努力すること」の価値を伝える。
3	高め合った2組	学級の高まりを自覚する	○班長の話から自分の生活を振り返り，学級の高まりを自覚する。 ・2組の一員として仲間と高め合うことができた姿を価値付ける。
4	教師の話	明日への 意欲化を図る	○願いをもって高め合うことのよさを実感して，明日への意欲を高める。 ・自己課題に向かって粘り強く努力し，自分を高めた姿やその思いを紹介し，自己実現の素晴らしさに気付けるようにする。
5	願いをもって高め合う歌声 「この地球に生まれて」	仲間と高め合うよさを感じる	○自分の願いをこめて，美しい歌声を響かせながら歌う。 ・今日一日の達成感を歌声に乗せて表情よく歌う姿を価値付ける。

図 2-10　「いぶき」指導案

3章

「たくましさ」を培う授業と学級経営

岐阜市立長良小学校

▎▎1節 たくましさ漲る授業─学習集団づくり

　本校では，支持的風土のある学習集団をつくるために，次の三点を大切に指導してきた。

- 自分の思いを気軽に出せる開放的な雰囲気
- どんな考えも共感的に受け止める人間関係
- 共通の目標に向かい心を一つに取り組む集団

1．たくましさ漲る授業の基盤─聴く力の指導

　私たちは，「聴く力」こそが，学習集団づくりの基本であり，「たくましさ漲る授業」の確かな基盤となると考えている。

　私たちは，聴く力の指導として，次のような「考えながら聴く姿」を目指して指導してきた。**仲間の話から内容をつかみ，自分の考えを構築する。その中で新たな疑問を提示したり，考えを述べたりして，追求を深め続ける子。**

　このような姿に迫るために，**相手を見て聴く→一回で正しく聴き取る→比べて聴く→考えながら聴く**というステップを踏んで指導を積み重ねてきた。「格に入り，格を出て，初めて自在を得たり」の言葉にあるように，聴く「力」の指導に際し，「型」の指導も同時に大切にしてきた。しかし，「型」の指導においても，その意味を理解し，よさを味わわせることで質的な高まりを求めてきた。そうすることで，いずれは，自分流の「聴き方」をつくり上げ，子どもの真の力となるのである。

練り合う
「みんなの話を聴いて，◎◎とも思ったんだけど，どうかな」
《話し合いをまとめ，新たな視点を提示する》

学び合う
「まとめて言うと…」「最初は〜と考えてい
たけど，今は◎◎と思います。理由は…」
《話し合いでの考えの変容を話す》

わかり合う
「僕は，〜の部分は違って(同じで)，××と思います」
《聴き分けて，話す》

言い合う
「私は〜と思います」と，仲間に自分の考えを伝える。
《内容を明確にして，話す》

図 3-1　聴く・話す指導の段階

2. 仲間とともに学び合う指導

　子どもたちは，互いに聴く力・話す力を発揮して，より学習を高め，深めていく。私たちは，その様相の高まりを図3-1のようにとらえている。

　この指導の段階を，各学年や学級の実態に合わせて，『○○学級流』を子どもとともにつくり上げる。

　「今日は，〜さんの発言をきっかけにしてみんなで考えを出し合い，『〜は，……』であることがわかってよかったね。それは，□□さんの話を自分と比べて考えたからなんだね。『比べながら聴く』という素敵な聴き方を『〜さん式聴き技』と名づけて，宝物にしよう」

　子どもへの賞賛と，次に目指す「聴く」「話す」姿と段階を明確にすることで，子どもたちは向上心をたぎらせる。

　学級が一体となって取り組み続け，教師の価値づけを継続することで，子どもたちは自らの高まりを自覚しながら取り組み続けていく。

3.「考えをもつ」学業指導

　活発な話し合いに見えても，一部の子どもたちの発言のみの授業では学級としての話し合いとはいえない。一人一人の子どもたちを大切にするからこそ，どの子の声や言葉も求め，力をつけたい。私たちは，どの子も堂々と発言できる授業を支える出発点は，「個々の考えづくり」にあると考える。そのために，「ノート白紙　0（ゼロ）」を合言葉に机間指導に力を入れてきた。そして，考えづくりで生じる個別の困り感に寄り添って言葉をかけるよう「明確な意図のある机間指導」を大切にして取り組んできた（表3-1）。

　以下にその実践例を示す。

表3-1　「机間指導」の目的と，指導したこと

ステップ1　全員「やることがわかる」
指導のポイント ・手が止まっている子に「何をするかわかる？」と尋ねる。端的な言葉で，活動を再度，示す。 ・「考えを書いたら，理由も書いてごらん。ヒントは，この資料の中にあるよ」と促す。
ステップ2　全員「考えをもつことができる」
指導のポイント ・「どこで迷っているの？」と尋ね，手が止まっている要因に応じて，次の指導を考える。（「書き方がわからない」のか，「内容がわからない（ことばの意味・資料の読み方・前時までの知識の未定着，等）」のか。
ステップ3　全員「自信をもつことができる」
指導のポイント ・「あなたの考えのすばらしい所はここ」と印をつけたり，教師が代読してその子の考えを全体に広めたりして，子どもの自信を生み出す。 ・「でも……」と，得意な子どもには，新たな疑問・矛盾を提示し，さらなる挑戦意欲を引き出す。

実践例

4年生　社会科の実践から

「わかるまでとことん考える子」を求めて

　ぼくは，○○さんと同じ資料からなんだけど，理由が違って，福田さんの生き方年表と前に中部電力で見学したことをつなげると……。（後略）

　仲間の発言と自分の考えの違いを聴き分け，それが相手に伝わるように立場を明確に言い分けながら，自分の考え方を話す子。6月下旬の社会科の授業におけるHさんの姿である。練り合いのある授業を生むために，このHさんの姿に至

るまでに次のような指導を繰り返し行ってきた。

シカの耳で聴く

4月，子どもたちに問いかけた。
「どんな聴き方をされると話していて嬉しい？」
「真剣な顔で聴く！」「反応してくれる！」
そんな声から，その姿を生むための約束を決めた。

せ … 背筋をピンと伸ばす
め … 相手と目を合わせる
あ … 足を床にピタッとつける
て … 手はひざの上に置く
つ … 続ける

これを基盤とし，聴き方の合い言葉を「シカの耳で聴く」とし，主に次のような指導を行った。

話す構えづくり
①1秒で聴く姿勢をつくる
②最後まで目を合わせて聴ききる
中身を聴き取る
③内容の中心や根拠を聴き取る
④返事やうなずきなど，反応をして聴き取る
比べて聴き分ける
⑤自分の考えや根拠と比べて聴き分ける
⑥他の発言（特に話題）と比べて聴き分ける

◆ 主な指導の実際

- 教師が話を始める前などに，「今は，○秒だったよ。次はどうかな？」と即時評価を行ったり，素早い子の姿を価値づけたりする。
- 「今の○○さんの話は，いくつの中身だったかな？」と，発言者の発言内容を聴き取ったかを確認する。
- 「○○さんの話は，さっき話した□□さんと同じか，違うか？」と，比べて聴くことを促す。

高まった「シカの耳で聴く」姿は，学級の宝物となった。

目からビームを出して話す

聴き方と表裏一体で話し方指導を行った。

話す構えづくり
①つぶやきを増やす
②つぶやきながらも，ひじピンで挙手する
立場を明確にして話す
③前に発言した子と立場を比べて話す
④異同の根拠を明らかにして話す
わかりやすく話す
⑤具体例や既習内容を入れながら話す
⑥仲間の考えの共通点やまとめた考えを話す

◆ 主な指導の実際

・「写真を見ただけで，たくさんのことに気づいたね」と，より多くの事実を見つけたことを価値づける。

・「同じ物を見ていても，考えている違いがあることがよくわかる話し方だったね」と，わかりやすい話型を位置づける。

・「○○さん流〜話」等と，その子らしい独特の話し方を掲示に位置づけ，その価値を伝える。

相手に自分の考えを伝えようとするとき，発言する子の思いの強さは，聴くとき同様，その目に表れ，さながらビーム光線が放たれているような姿だ。

聴く楽しさから練り合う楽しさへ

自分がつかんだ事実やそこから考えたこと，できるようになった技能，またそれに向かった真剣な姿勢があれば，他者との違いが気になる。真剣に向き合うからこそ生まれるこのドキドキした気持ちを感じたとき，子どもはぐんと伸びる。子どもにとって，それは楽しさとなる。

◆ 今後目指す聴く・話す姿

・仲間と出し合った考えから，中心的な内容を決め出そうとより確かな根拠を求める姿

・仲間と考え合ったことから，自分の考えの変容や深まりを話す姿

▌2節 「聴く」ことを大切にした学級づくり

　4月の学級開きでは，始業式を終えて学級に入った後の「くらし」（長良小学校での「学級活動」の呼称。4章を参照）の初めに，担任が前に立つと，ざわついている学級がだんだん静かになっていく。誰の声もしなくなり，全員の目が担任の方へ向いたとき，「先生が何も言わなくても，自分たちで聴く姿勢になることができたね」と担任は言う。そして，「でも，次はこれを5秒でできるかな」とつけ足す。子どもたちは，「できる！」と言って，やってのける。この秒数が，だんだんと短くなり，一週間後には話そうとする担任に1秒で目を向けて，聴く姿勢を正すことができる。

　担任に向けて「聴く」姿勢ができるようになった子どもたちは，学級の仲間が話そうとするときにも同じような「聴く」ができるようになってくる。そこで，「○○さんが，話そうとしたときに，全員が1秒で聴く姿勢になることができたね」と担任は褒める。そして，「友達が話そうとするときにも，なぜ聴く姿勢をよくした方がいいのかな」と子どもに問う。子どもたちに，「聴く」姿勢の価値を考えさせ，教えるのだ。「早く静かになれば，○○さんが意見を言いやすい」「自分が話そうとするときに，みんなの目が自分に向いていると，緊張するけど，みんなが聴いてくれていると思って安心する。だから，○○さんも安心して話せるように目を向けて聴くといいんだ」「目を向けて話を聞くと，表情からも，○○さんが話したいことが伝わってくるよ」「○○さんの話したいことがよくわかる」等と子どもなりの価値観を話してくる。このときに，大事にしたいのは，話す相手を必ず意識した価値観を話していることだ。話す相手を大切にし，話し手の意見や考えを自分に取り入れようとする価値について教えることが，仲間意識を高めていくことにつながると考える。これが，他者を受け入れようとする態度につながっていくのではないだろうか。

　このように「聴く」姿勢が高まってきた学級では，「話す」側にも変化が出てくるであろう。話し手は，生き生きとし，自分の意見を自信満々に語ってくる。大きな声で，中にはジェスチャーを交えたり，実物や資料を見せたりしながら語る。このような姿の子たちは，「みんなが自分の方に目を向けて，うんうんとうなずきながら聴いてくれると，とても話しやすい」「みんなが目を向けていないと，自分は間違ったことを言っ

ているのかなととても不安になる。でも，みんな
が目を向けて聴いてくれていると，聴いてもらっ
ているという安心した気持ちになる」と話してく
れる。大勢の前で一人で話すということは，とて
も孤独である。しかし，周りの人はみんな聴いて
くれているという安心感があれば，たった一人で
話すときも，周りとつながりを感じることができ
る。自分は認められているんだという安心感こそが，自己有用感につながっている。

　今年の長良小学校を卒業した子どもたちの成人式当日のこと，ざわざわしていた
会場が，式の始まりと同時に静かになり，しゃべり声が聞こえなくなった。厳粛な
態度であいさつされる方を凝視し，真剣に耳を傾ける姿があった。長良小学校では，
「聴く」ことを大切にしてきたが，卒業し，成人してもなお，生涯生きて働く力となっ
て，新成人の心に染みついていることをうれしく思う。

　「聴く」姿勢づくりを大切にした指導をすることは，相手意識を高め，相手の存
在だけでなく考えまでも受け入れようとする。そして，「話す」側は，「聴く」側に
つながりを求めていく。「認める」聴き手と「認められる」話し手の関係が，他者
理解を深め，お互いに歩み寄る姿勢づくりにつながっていると強く感じる。

▍▍▍3節 「合言葉」で貫く学級経営

1．学級目標は，「合言葉」

　「今年のクラスの合言葉は何かな」「ぼくは，力を合わせてなにごともやりぬける
クラスにしたいなあ」

　新しいクラスになった子どもたちの最初の話題は，学級目標だ。しかし，長良小
学校では学級目標を「合言葉」と言っている。それは，学級目標が，子どもたちの
学習やくらしの随所に行き渡って目指す目標であり，評価し振り返る視点でもあり，
いつも意識し，口にできる言葉だからである。また，個々の目標を集約化，共有化
した言葉でもあるからである。私たちは，子どもとともに，いつ何時も，どんな取
り組みでも合言葉を意識し，合言葉に立ち返り，合言葉の達成を目指して取り組ん
でいる。

　以下にその実践例を示す。

5年生　看板「合言葉」を掲げる

「看板は，願いをイメージしたものがいいな」
「台板を矢印の形にして『向かって進む』思いを表そうよ」

　教師も子どもも，教室前面に掲げる合言葉の掲示づくりに悩む。合言葉は『こえる』。この合言葉には，三つの意味が込められている。

① 「越える」簡単な道を通るのではなく，ちょっとだけ難しいことを目標にする。
② 「肥える」何度も何度も挑戦して，自分をきたえる。自分の知恵や心を豊かにする。
③ 「超える」目標を達成したら，さらに目標をレベルアップ。限界を決めないで「まだできる！　もっとできる！」の精神で取り組む。

　今の自分は，クラスは，『こえよう』としているか」と，常に一瞬一瞬を振り返ることができる合言葉にしていきたいと願った。
　大きな矢印の台板に，一人一人の願いを手形にとり，一枚一枚，「みんなの力を合わせる」ことをイメージして丁寧にはっていく。そして看板を教室前面の黒板の上に設置するとき，
「矢印を斜め上にしてとりつけようよ」
　「そうや，そうや。それがぼくらの合言葉や」と思わずつぶやきが出る。子どもたちの目は，教師のとりつけている看板に集中。合言葉が，学級の一人一人にすとんと落ちた瞬間である。

2. 合言葉の達成に迫る「核となる活動」

　私たちは，学級における活動を，すべて合言葉の達成にかかわって指導していく。その中で，一つ，全員で継続して取り組むことのできる活動を「核となる活動」として位置づけている。核となる活動を年間を通して続けることはたやすいことではない。しかし，その活動に取り組んで出会うさまざまな問題を子どもたちは合言葉にかかわって受け止め，解決していく。
　以下にその実践例を示す。

1年生　核となる活動で一点突破

　飼育活動，学級遊びなど，学級によって核となる活動はさまざまである。1年1組の合言葉は「いっぱいがいっぱい」である。教師は次の条件が大切と考え，「朝の8の字跳び」を核となる活動に決め出した。

①体を思いっきり動かせること
②仲間意識を高められること
③「合言葉」を具現できるもの

　記録がなかなか伸びない日が続いたある日，縄に足を引っかけた仲間に対して，「あああ」と不満げな声がもれた。教師は，全員を集め，今起こった出来事を振り返らせる。「しっかり縄を見ていないからだよ」「○○さんは，引っかかりたくって引っかかったわけじゃない」。子どもたちは，真剣な顔になって次々と自分の思いを主張する。そこで，教師は，「なかよしを『いっぱい』にする8の字跳びになっているかな」と投げかける。ハッとした子どもたちは，どうすればみんなが跳べて記録が伸びるか話し合う。「そうだ，みんなで『今だ！』って声を出そうよ」「『がんばれ！』『すごい！』って応援もできるよ」と笑顔で提案する子どもたち。教師は，「やる気も『いっぱい』，声も『いっぱい』，そしてなかよしも『いっぱい』の8の字跳びになるね！」と合言葉につなげて価値づける。8の字跳びが学級の宝物となっていく。

4節　二つだけの生活目標

　長良小学校は，年間を通して，あいさつ・そうじの二つの生活目標に絞り込み，それを月目標として継続的に指導している。あいさつとそうじの指導は，子どもたちの生活を見つめる視点である。十分な達成感を味わわない間に次々と変わる生活目標では，子どもの生活を深く見つめることは難しい。二つに焦点化することのよさは，全職員が一枚岩になって取り組み，共通理解，共通歩調で歩み，確実に見届けを行うことができるからである。

　指導の際に私たちが大切にしていることは，以下の二点である。

• **姿の背景にある意識や心を大切にして指導する**

- スモールステップで確かな達成感を味わう

　子どもの生活を深く見つめ，実態に応じた指導と見届け（評価）を行い，子ども
の姿と心をはぐくんでいく。その過程の中で，「姿と心の高まり」に目を向け，位
置づけ，価値づけ，方向づけていく。この重点的・継続的な活動・指導により，子
どもは，自己意識や相手意識を高めていく。

　以下にその実践例を示す。

実践例

低学年　相手意識を高めるあいさつ

　「おはようございます！」4月当初，元気な声であいさつをする子どもたち。
しかし，その姿をよく見ると，ほんの少しの躊躇や緊張している仕草がある。担
任は，4月のあいさつの目標を「パッチリあいさつ〜目と目を合わせよう」とし，
まずは担任と子ども，子ども同士の心の開放感を築くことを意図して，指導した。

C：目と目を合わせるのは，結構できてないもんやなぁ。
C：そやけど，やっぱり目を合わせてくれたら，すごいすっきりするもんなぁ。

　あいさつ一つに意識や目的が確かに入り込む。教師は，「○○さんが，『おはよ
う』ってキラキラの目で先生にあいさつしてくれたんや。先生，○○さんから元
気もらったで，今日一日がんばる気持ちになったよ」と目を合わせることで相手
がどんな気持ちになるかを位置づけ，価値づけていく。担任と目と目を合わせて
あいさつすることを達成し，あいさつすることの気持ちよさを実感した子どもた
ちは，あいさつの対象を班の仲間や学級の仲間へと広げていく。その後毎月，「○
○あいさつ」と学級独自のネーミングを決め，取り組んでいく。

5月　「！（びっくり）マークあいさつ」
6月　「ふりむかせ（お先に）あいさつ」
7月　「名前よびあいさつ」

　各学級の「○○あいさつ」は，学級の自慢の宝物となっていく。

実践例

中学年　自己意識を高めるそうじ

背中から聞こえる声，手つきが物語る心

　「サッサッ」「シュッシュッシュ」と引き締まった独特の音が響く。目をやると，そこからは音のない声が聞こえてくる。「よし，とことん磨ききるぞ！」と……。長良っ子の「そうじ」には，「汚れ，ごみが気になって仕方がない」と，心が立ち止まり，納得いくまでやりきる姿がある。

ありがとう！　学校を大切にする心があるね

　「そうじ」は，「自己内対話」の時間でもある。だからからこそ，私たちは全体と個の様相に合わせて声をかけることを意図して行う。

◆全体への指導（例）

　「○○さんの磨いた廊下は，雑巾の跡が隙間がないようにくっきりと残っていたよ」

◆個への指導（例）

　「細かくやる手つきから，ごみ0（ゼロ）にしようとする気持ちが伝わってくるよ」

　目標は明文化し，日常的に自己評価できるよう掲示などで位置づけている。憧れる姿・質の高い姿を目指す子どもたちだが，心に隙ができるときもある。そうした際に，毅然と指導することをためらわない。そこでも，「自分は，今日，時間までに精一杯取り組んだといえるか……」と，自己内対話を求める。

たくましさ漲る「そうじ」とは

　言行一致の指導と全体と個の価値づけ・方向づけによって，長良っ子のそうじが生まれる。

　低学年：床とにらめっこして，何度もはいたり，磨いたりして，分担をやりきる姿
　中学年：隅々まで広げ，同じ所を繰り返し磨き，時間いっぱいやりきる姿
　高学年：広い範囲を素早く丁寧な手つきで磨き，自分のやり方を確立する姿

▌5節 一人一人を大切にする学級経営

1. 玄関で子ども一人一人を見つめる朝

「○○さん，おはようございます」。「○○先生，おはようございます。先生，見て見て！ 昨日これをね……」。子どもたちの朝の声で息吹いているのがわかる。

同じ目線で

子どもたちとあいさつを交わしながら「今日は息吹いているな」と微笑み，「あれ，ちょっとおかしいな。何かあったのかな」と感じると手を打とうと動き出す。「どうしたの」と声をかけるのは担任だけではない。近くにいる教師同士は「あの子ちょっと心配だね」「何かいつもと違うね」とすべての子どもに目を配る。

朝の光景としては当たり前のことだが，**当たり前を継続し連携していくことが大切である。**すべての子どもたちをすべての職員で見つめ，一人一人をとらえ，子どもに学ぶ。また，これが，長良小学校の特別支援教育の根底にもなっている。

あいさつから会話へ

2. 子どもと汗にまみれる外遊び

朝，業間，昼休み，長良小学校の運動場は元気いっぱいの子どもたちでいっぱいだ。そして，子どもたちの中に入り込み，汗にまみれて子ども以上に子どもらしく遊ぶ教師がいる。「全力で走る子どもを，全力で追いかける教師」がいる。「突発的に起こったトラブルに即座に寄り添う教師」がいる。私たちが目指す外遊びの姿は，次のようである。

- 汗にまみれて思いっきり遊ぶ長良っ子
- 自ら進んで外に出て遊ぶ長良っ子
- 仲間と誘い合って全員で楽しく遊ぶ長良っ子
- よりよい遊び方を考え，つくり上げる長良っ子

子どもたちは，外遊びを通して，

- **体を力いっぱい動かす爽快感**

・協力し合う一体感と競い合う緊張感

を味わい，どんどん自己を開放し，自己主張を強くしていく。自己主張を強くした子ども同士は，時にぶつかり合う。しかし，子どもたちは，悩み，考えながら，よりよい解決に向かって踏み出す力をもっている。「外遊び」がよりよい子ども社会の形成へ向かっていく瞬間である。私たちは，その営みを我慢強く見守る。子どもだけで解決できそうにないときは，一人一人の思いをよく聞いて介入することもある。子どもも教師の話を真剣に聞く。しかし，決定は子どもに委ねる。それは，子どもたちが助け合い，協力する関係を体験的に学んでほしいからである。そうして，子どもが遊びの中で「自己を開放し，仲間と伸びる子ども」と，そこに張りつき「一人一人に寄り添う教師」の存在する空間でこそ，長良っ子のたくましさは育まれる。

3. 一人一人のよさを位置づけた教室環境

　一日の大半を過ごす教室は，子どもたちのたくましい姿に満ちあふれている。そのたくましい姿をその子の力や学級の目指すべき憧れの姿とするためには，教師の確かな位置づけ，価値づけが必要である。私たちは，その姿を宝物カードとして背面掲示に位置づけ，足跡として残していく。「価値づけ」は，単なる目に見えた姿のみの賞賛ではない。その姿を生み出した心のすばらしさにこそ目を向け，子どもを称えることである。宝物カードを提示したとき，

　　「やっぱりやってよかった。これからも大切に続けていこう！」
　　「そこまで考えるなんて，○○さんって本当にすごいや。ぼくも明日から考えてみたいな」

と，本物の価値に触れた子どもは，次への意欲をもつ。私たちは，放課後子どもが帰った後の教室で，今日一日の子ども一人一人の姿を振り返り，「この姿と心こそ」学級の仲間に伝えたい，すばらしさを共有したいという思いを「宝物カード」に書き込む。そして，明日は宝物カードをどのように受け渡すか，子どもはどのように受け取るかを考え，想像し，明日への希望を抱くのである。

ⅢⅢ 6節 「たくましさ」を培う土壌づくり

1. 朝マラソンで心身の活性化──継続は力なり

「イチ，ニッ，サン，シ……」と元気な声で準備
体操に取り組む子。「一番に走るぞ」と，開始の合
図で，真っ先に先頭に飛び出す子。「今日も時間ま
でに絶対三周走るんだ」と，目標をもって走りき
る子。心身の健康を高めることを願い，長良小学
校では一年間継続して夏の暑い日も，冬の寒い日
にも週4日，毎朝約5分間の「朝マラソン」の持
久走に取り組んでいる。

　私たちは，朝マラソンは体を鍛えることはもちろん，「自分に挑む」という自分
づくりの時間であるとも考えている。最初は，時間いっぱい止まらずに走りきるこ
とを目標としていた子どもたちも，それができるようになると，「四周走る」「○○
さんに負けない」「先生に追いつく」など，さらに上の目標をもつようになる。し
かし，それは困難を伴う新たな挑みの始まりでもある。教師は目標を設定したり，
達成したりするために，一人一人に働きかける。「よし，あと少しだ。最後まで走
りきろう」「ペースを落とさず，力強い走りだったな」という励ましの声。マラソ
ンカードを使って走りの記録を残し，取り組みの継続化を図るのである。こつこつ
と目標を達成していく子どもたちは，自信をつけ，自己有用感や自己肯定感を高め
ていく。

　今日も走り終えた子どもたちの充実感，達成感あふれた笑みの顔には，いっぱい
の汗が滴っている。「さあ，今日も一日がんばるぞ」。子どもたちはうがい手洗いを
して，教室へ駆け戻って行く。その中で全校のあいさつがこだまする。このような
日々の心身の鍛えが，学習やさまざまな教育活動でみせる子どもたちのたくまし
粘り強さにつながっていると実感している。

2. ノーチャイムの生活──自律性を高める

　13時30分。そうじが始まる5分前，昼休みにグランドで思いっきり遊んでいた
子どもたちが一斉に校舎に引き上げていく。チャイムは鳴らない。自分で時計を見
て気づいたり，仲間の呼びかけに応えたりして動く。手洗いうがいをするための水
飲み場が混雑する。全員がそうじに間に合うために，順序よく並び，次の人のこと
を考えて，手早く済ます。玄関や通路がそうじに向かう子どもたちで慌ただしくな

る。

13時35分。慌ただしかった校舎内が，一斉に静まる。一人一人がそうじ道具を手に持ち，そうじを始めたのである。ここでもチャイムは鳴っていない。時が来ると自ずと子どもたちは動く。その姿は，体内に時計があるかのようでもある。長良小学校では「ノーチャイム」を通して，生活習慣の確立と自己の自律を目指している。

(1) 規律ある生活づくり

時刻を守ることは実際には，大変難しく厳しさを伴う。けれども，時刻を守ることで，規律ある生活ができ，自律性を高めることにもつながる。また同時に，仲間のことを大切にすることにもつながることを子どもたちは理解している。また，時刻を守るということは，その限られた時間内にやるべきことを精いっぱいやりきることを自己に要求することでもある。そうすることで，「限られた時間だからこそ，精一杯取り組むんだ」というたくましい学習や生活の姿が生み出されていく。

(2) 自ら範を示す教師

教師の姿が子どもを感化し，「時間を大切にする」という意識を高めていく。私たちは，授業の開始時刻と終了時刻を守ることを厳しく課している。45分間で本時のねらいを達成するというのは厳しいことである。しかし，それに挑むことで，短時間で効果的な導入の手立てが工夫されたり，一人一人の実態をより的確に把握して臨んだりと教師の授業力も高まってきている。何よりも，そんな私たちの姿に子どもも響き合ってともに高まり合っていく姿がうれしい。

4章
自主性・連帯性・創造性・健康を育む「ひらがな活動」

岐阜市立長良小学校

‖ 1節 長良小学校の特別活動

　岐阜市立長良小学校は，次のような「ひらがな活動」と呼ばれている教育課程の諸領域を学校独自に創造することを通して，学校教育目標「郷土を愛し人間性豊かに生きぬくたくましい子～『自主』『連帯』『創造』『健康』～」の具現化を図っている。

　　自主：「いぶき」（朝の会・帰りの会）
　　　　　「くらし」（学級活動）
　　連帯：「みずのわ」（児童会活動）
　　創造：「いずみ」（クラブ活動）
　　健康：「こどう」（総合的な学習の時間）

　以下では，こうした「ひらがな活動」のうち，特に特別活動の領域に着目し，長良小学校の「平成27年度 特別活動全体計画」（図4-1），「くらし」の時間（本章2節），6年生を中心にした「みずのわ活動」（本章3節），5年生による「全校係活動」（本章4節），4年生による「飼育・栽培活動」（本章5節），そして「いずみ」（本章6節）の時間について，それぞれの計画と実際の活動について説明する。

平成２７年度　　　　　　　　特別活動全体計画

【学校課題】
・願いやめあてをもち、主体的に活動に取り組める子が多い。
・活動に目的や意義をもち、実践する力が未熟である。
・仲間と共によりよいくらしを創りあげていくことに課題がある。

【教育目標】
郷土を愛し人間性豊かに生きぬくたくましい子

【自主】	【連帯】	【創造】
自分のくらしを見つめ、進んでやりぬく子	思いやりがあり、仲間とのくらしをよくする子	自ら感じ、考え、見いだして表すことのできる子

【健康】
心身の健康につとめる子

【市町村教育委員会の方針と重点】
よりよい生活や望ましい人間関係を築こうとする自主的・実践的な態度を育てる。

・重点目標を明確にし、各活動及び内容相互、さらには他領域との関連を図るとともに、児童生徒が自己（人間）についての考えを深め、新たな目標がもてるよう指導計画を工夫改善する。
・重点活動や自発的・自治的な活動（いじめ問題）への取組などを展開する中で、自分のよさや可能性を発揮して、よりよい生活や望ましい人間関係を築くことができるよう指導と評価を工夫改善する。
・学級の諸問題を解決する活動を通して、望ましい人間関係や学級集団としてのまとまりを育て、学級経営の充実を図る。

【特別活動の目標】
集団の一員としての自覚をもち、仲間との生活を見つめ、よりよいくらしをともに築いていけるたくましい子

【特別活動の重点】
1年生：自分の願いや考えをもち、仲間と楽しく活動することができるようにする。
2年生：自ら課題意識をもって、仲間と生活や学習に取り組むことができるようにする。
3年生：一人一人が自分の考えをもち、仲間と協力して活動することができるようにする。
4年生：集団の秩序や規範、集団活動の方法を自分たちでつくり上げることができるようにする。
5年生：互いに認め合う場を設定し、信頼し支え合って生活を送ることができるようにする。
6年生：自ら課題をつかみ、解決のために学級や全校に働きかけることができるようにする。

	くらし（学級活動）	みずのわ（児童会活動）	いずみ（クラブ活動）	学校行事
目標	自分や仲間のくらしを見つめ、自分たちで話し合って問題を解決したり、自分のめあてを明確にしたりして、自ら生活を向上させようとする意欲と実践的な態度を育てる。	仲良し活動を核とし、自分の手足で、自分たちのくらしを見つめ、仲間と共に生活を築くために政治する力を育てる。	一人一人が、自ら課題（テーマ）をもち、同好の仲間や教師と共に粘り強く追求し続け、自分の見方・考え方・感じ方を深める。	学年、学校への所属意識を高めるとともに、公共の精神に基づいて積極的に参加できる態度を育て、成就感をもてるようにする。
重点活動と時数	(1)学級や学校の生活づくり⑫ ・子どもがたくましく進める話し合い活動 (低)友だちと楽しく遊ぶ方法を考える。 (中)仲間と高め合えるグループを考える。 (高)係の働きぶりを振り返り、さらに高めるための方法を考える。 (2)日常の生活や学習への適応及び健康安全⑧ ・教師が鋭く実態を捉えた話し合い活動 (低)気持ちのよいあいさつを考える。 (中)より美しくする掃除を考える。 (高)家族や地域の人とともに過ごす休日を考える。	(1)みずのわ活動（6年生） 6年生が下学年の中心となってチームを組み、自分たちの生活作りを進める ・全校の願いや課題点の明確化 ・石（願い）の設定 ・願いの実現に向けた活動 ・活動の振り返り (2)全校体活動（5年生） 報道・健康・図書 (3)飼育・栽培活動（4年生）	(1)各いずみの旗揚げ② (2)各いずみでの創造的な活動⑭ ・シュート ・ミュージカル ・英会話 ・百人一首 ・クッキング ・長良の町探検 ・ピクトロジカ など (3)いずみ発表会②	(1)儀式的行事 ・入学式①、卒業式① ・始業式③、終業式③ (2)文化的行事 ・観劇会② (3)健康安全・体育的行事 ・命を守る訓練③、運動会③ (4)遠足・修学旅行的行事 ・遠足⑤、修学旅行③ 野外学習⑱ (5)勤労生産・奉仕的行事 ・大掃除③　等

・領域等との関連

【特別活動の内容相互の関連】
・みずのわ（児童会活動）を活発化させることを基盤として学級活動で自主的、実践的態度を身に付けていく。
・学校行事を学級活動やみずのわ（児童会活動）と関連させ、子どもの主体的活動を取り入れていく。

各教科	道　徳（道徳科）	総合的な学習の時間
・各教科の学習で獲得した態度や知識、技能などを総合的に生かすことができるようにする。	・実践活動を通して、道徳性を養う。道徳の時間で追求した価値の具体的な実践の場となるようにする。	・原体験や探求的体験を通して、自ら課題を見いだし、意欲的に学習を進めて解決をするようにする。

【学級経営】
・個のすてきな姿とその思いを具体的な事例から取り上げて価値付け、方向付けをすることを指導の根幹に据える。
・仲間同士でよいこと見つけ、認め合える場の設定をする。

【家庭・地域社会との関連】
・懇談会や通信等で活動の方針や取り組みの状況を説明し、理解と協力を得ることに努める。

評価
・学級活動においては、学級活動後の子どもの姿から「集団活動や生活への関心・意欲・態度」、「集団の一員としての思考・判断・実践」、「集団活動や生活についての知識・理解」の三つの観点から見届け、事前―本時―事後などの一連の活動過程の中で、個および集団の高まりを評価する。

図4-1　平成27年度 特別活動全体計画

64

▌2節「くらし」(学級活動)

1.「くらし」の願い

　「いぶき」(2章3節)で願った構えづくりを発展させ，自分たちの生活そのものをよりよくしていく個人と集団を形成していくことを目指す。そのためには，子どもが生活そのものの中にある問題点を見定め，自分たちの力で生活をよりよく向上させていこうとする意欲と実践的な態度を育てる必要がある。そんな願いから生み出されたのが「くらし」である。

2.「くらし」の単位時間の指導で大切にすること

　「くらし」の指導では，「決まりづくりにとどまらない心のたがやし」と「体験の中からよりよいものを創造していく学び」を生み出すことを目指す。その具現のため，単位時間の指導において以下の(1)から(3)を大切にしている。

(1)「○」を「◎」にしようとする心の揺さぶり

　「くらし」は，たとえば，手洗いができていない子どもたちに，「手洗いをしましょう」と指導する時間ではない。事前の指導で「手洗いがしっかりできているよ」と自信満々に言える子どもたちの姿まで高める。自分たちの生活の中にあるよさを前提とした上で，「くらし」の授業を実践する。その中で「きれいにできたと思っていたけれど，まだ手には汚れが残っていたんだ」「もっと手をきれいにしなくては」など，さらに自分にできることがあるのではないかという心の揺さぶりをかけ，生活と自己を向上させていこうとする向上心につなぐ。

(2) 体験活動を大切にする追求

　生活と自己を向上させていこうと願う子どもは，具体的な手洗いの仕方を追求していく。その際に，実際に手を洗ってみることによって初めて，「どのように洗ったら本当にきれいになるのか」「私の場合だと，こんな手順や方法でやった方がよさそうだ」という課題を具体的な場を通して，自分の生活に即して解決していく。体験しながら学ぶことで，子どもたちは，実感を伴い生活と自己をよりよく向上させていく方途を見つけ出していく。

(3) 意識の変容を目指す心のたがやし

　「洗うべきときに手を洗えている」「正しい手洗いの順序で洗えている」という意

識から，「くらし」の授業を通して，「たとえば食事をする前には，手の細かなすき間にある汚れまで落とせるような手洗いをしたい。そのための方法は，○○だ」という目的的に手洗いをしようとする意識にまで高める。さらに事後指導で，その意識をもって，日常の実践化までつなげ，自分の生活がよりよく高まったという実感にまでつなげられるようにする。

3.「くらし」の授業構造

「くらし」は，学級や学校の生活づくりを考える『くらし1』と日常の生活や学習への適応および健康安全を考える『くらし2』に大別されている。『くらし1』では，「集団討議による集団目標の集団決定」を，主に子どもの進行により話し合っていく。『くらし2』では，「集団思考を生かした個人目標の自己決定」を，主に教師の進行により話し合う。それぞれの指導過程の具体は，図4-2に示す。

▌▌▌3節「みずのわ活動」（児童会活動）

1.「みずのわ」とは

投げた石によって水面に静かに広がる波紋。それがやがて岸から折り返し，次第にざわめき立って水面全体が生き生きと動き始めるように，相手を揺り動かすために，働きかけたり，働きかけられたりして，全校のくらしをよりよくしていく営みを「みずのわ」という。

みずのわは，本校の教育目標の観点「連帯性」を育むものであり，すべての学級，学年で，その精神を生かし，それぞれの立場で行われるものである。それは，自分が相手に「○○してあげる」という奉仕的なものではなく，自分自身と相手を今よりも高めるものである。

2.「みずのわ」で育てる「政治する力」

みずのわでは，「自分たちでよりよいくらしをつくりたい」という願いを基盤にもち，「頭，心，体」を使って自他のくらしを見つめる。そこから願いや目的を生み出し，実現に向けての具体的な計画を立て，自分の行動で働きかけを続ける。絶えず自分を振り返りながら，最後まで一つのことを成し遂げていく。

こうしたことを実現する力を，本校では「政治する力」と呼び，その具体を次の四つの力の総体としてとらえている（図4-3）。

この「政治する力」は，どの学年でも意識的に指導し高める。まず，低学年にお

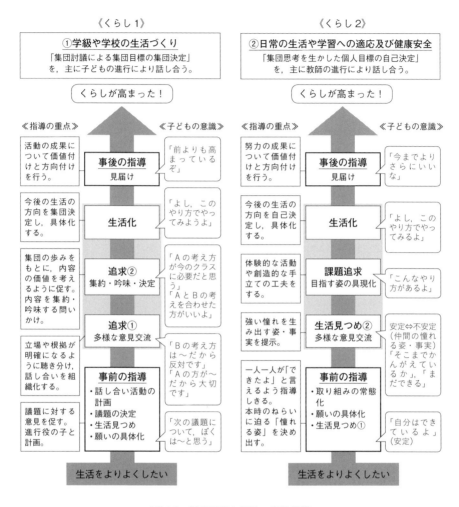

図4-2　授業過程と事前・事後指導

いては，学級内の仲間づくりに重点を置く。政治する力の土台を養うために，学級の仲間ととことん楽しみ，みずのわを体感する。その後，中，高学年においては，それぞれの発達特性や独自の教育活動をふまえ，表4-1のように重点をもちながら育む。

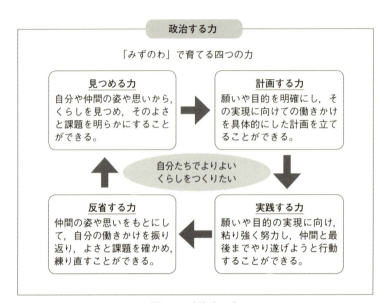

図 4-3　政治する力

表 4-1　「政治する力」各学年の重点

	3 年生	4 年生	5 年生	6 年生
見つめる力			○	
計画する力		○		
実践する力	○			
反省する力				○
活動内容	飼育・栽培活動 （3 学期）	飼育・栽培活動	全校係活動	みずのわ活動

＊各学年の段階に応じて，すべての力を育てるが，○印を重点として指導する。

3．みずのわ活動の実際

　「みずのわ活動」とは，6 年生の子ども（5 年生 3 学期から 6 年生 2 学期）が，自分の「頭，心，体」で，自分たちのくらしを見つめ，よりよいくらしをつくろうと全校に働きかける「仲よし活動」である。

　6 年生は全校の中に同化し，よりよいくらしの実現を目指して「全校」へ「石」を投げかけ，全校を揺り動かそうと働きかけていく。「石」の実現に向かって活動

をする中で，人を動かすことの難しさ，仲間と力を合わせてやり通すことの大切さ
を一人一人が感じ取る取り組みである。

(1) みずのわ活動の「石」

　みずのわ活動における「石」とは，6年生が全校のよりよいくらしをつくり出そ
うと訴える願いを達成するための課題のことである（図4-4）。6年生一人一人が全
校の中に同化し，そこにある多様な願い，よさ，要求，矛盾，課題を見つめ，吸い
上げる。そこから，たとえば「元気よく運動場で遊ぶ長良っ子」等のように，6年
生に寄り添う教師とともに具体化するものであり，文化的活動や体育的活動，校風
づくり等の活動に見いだされるものである。

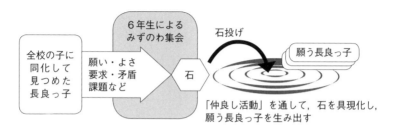

図4-4　みずのわ活動の石

　この石の具体化にあたっては，次のことを大切にする。

- 全校の子どもにとって，よりよいくらしをつくるために強い必然のあるもので
  あること。
- 全校の子どもが一体となって取り組めるものであること。
- 全校の子どもが石を見て，どんなことを大切にしていこうとしているのかがわ
  かるものであること。
- 活動の成果が子どもにとって見えるもの，あるいは，見えるようにするための
  活動を仕組み，取り組めるものであること。

(2) みずのわ活動で育む「政治する力」

　みずのわ活動では，6年生一人一人に「政治する力」を高めることをねらいとし
ている。具体的には，活動を進める営みとつなげ，以下の四つの力を高める。

「見つめる力」

全校の様子を見続け，そこにある様々なよさや課題を明らかにする力。

6年生の子ども全員が「自分たちでよりよいくらしをつくりたい」とする思いを基盤にもち，「頭・心・体」全部を使って自他のくらしを見つめる。動き始めたみずのわ活動の中では，その活動の中で起こる事実や担当の子の姿，思いを分析し，自らの働きかけによる成果や問題とすべきことは何であるかをとらえる。

「計画する力」

願いを込めた石を選び，その投げ方から，大きさ，方向を決め，活動計画を立てる力。

6年生の子どもが総力を結集し，願いや目的を明確にして，その実現に向けての働きかけを具体的にした計画を立てる。活動の過程でもまた，願いや主張を実現するための方法や手立てを筋道立てて順序よく考え，次の活動のあり方を考える。

「実践する力」

願いを全校に染み込ませようと，チームを組み，その力のすべてをあげて，最後まで粘り強く実践努力する力。

実践を続ける中には，ともすれば，実践の難しさや悩みに押しつぶされそうになる仲間を，チームの和で抱きかかえ，苦しみながらやり通さねばならないこともある。この苦労を実際に味わい，肌で感じる。

「反省する力」

仲間の姿や思いをもとにして，自分の働きかけや活動を振り返り，よさや課題を確かめ，力いっぱい練り直す力。

担当の子への働きかけによって，全校に，少しずつ渦と流れが引き起こされる。6年生の子どもは，そこにそっと喜びを感じる。しかし，願いに照らせばまだ満ち足りない動きがある。それを克服するために，自己の働きかけに立ち返って評価し，次の活動に生かす。この繰り返しの中で，6年生の子どもたちは，汗して働いた記録や作品を見て，行動力や実践力の重要さを感じ取る。

みずのわ活動でこうした力を育んだ6年生は，集大成としての「みずのわ祭り」を，毎年12月初旬に実施する。

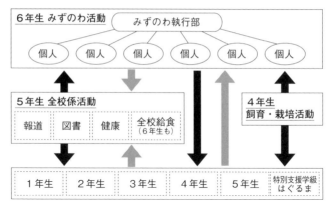

＊黒の矢印は具体的な動きかけ（実践する），グレーの矢印は課題や思い
の吸い上げ（見つめる）を表す。

図 4-5　みずのわの組織図

(3) 「みずのわ」の組織

　先に記したように，みずのわ活動では，6年生の子ども一人一人が担当の子に直接的に働きかけ，また，働きかけられ，お互いに高め合う。すなわち，6年生一人一人が主体的に考えたり，課題に立ち向かったりしながら，自分が学校のリーダーである自覚をもち，「連帯」の価値を見つけ，自分を磨き上げていく。だから，6年生一人一人が執行部であり，自分なりの意図をもって自治的・自発的な活動を創意し実践する。

　こうした特性から，みずのわの組織を図4-5のように整理している。

(4) みずのわ活動の指導

　みずのわ活動の指導にあたっては，みずのわ担当教師が，みずのわ活動で目指す6年生の心の高まりや姿，全校の意識や姿を明確にし，その指導の重点を全職員と共通理解することが欠かせない。そのために，みずのわ活動と指導の方向，方途について，学年部，指導部，運営委員会で検討したのち，みずのわ職員会を設定し，共通理解を目的とした十分な協議の場をもつ。

　こうしたことを経て，各学級担任は，自学級の子どもを指導するだけでなく，「6年生の指導をする担当教師」という意識をもち，6年生の指導を通して自学級の子どもを指導するという構えでみずのわ活動の指導をする。

(5) 一人みずのわ

　同じ担当学級の仲間や，担当の教師から離れ，これまでに身につけてきた「政治する力」を最大限に発揮しながら，よりよい生活をつくろうと一人で実践するものが，「一人みずのわ」である。

　「一人みずのわ」は，すべて責任を自己が負うものであるが，自分一人で取り組みきる厳しさが，成功体験とそこから生まれる充実感をより大きなものにする。それは，6年生一人一人の，その後の人生にとって大きな自信と誇りを抱かせると考える。そして，その姿は，長良小学校の教育目標である「郷土を愛し人間性豊かに生きぬくたくましい子」を具現した姿として，下学年に受け継がれていくのである。

　よって，一人みずのわにおいても，6年生担任を中心として，全職員で，6年生の取り組み，成果，課題を見届け，価値づけることで，6年生が，自分の一人みずのわの成果や高まりを実感できるようにしていく。

(6)「みずのわ」の「一人一人の居場所づくり」

　平成2年に出版された記念誌『遅しく生きる─長良小の教育─』では，みずのわ活動が，次のように説明されている。

　本校の教育目標「連帯性」を育てる手立ての一つであり時間である。

　「仲良し活動」を核として，自分の手足で自分のくらしを見つめ仲間との生活を高めていくものである。

　みずのわは，児童の自発的・自治的な実践活動であり，組織的で，子供の創意を生かした活動である。六年生は，全校の生活をより良くしようとねばり強く真剣に担当の子に働き掛ける。そのひたむきな努力により，自分たちの生活をより良くしようとする方向に動き始める。このようにして，生活をより良くするために担当した下学年の子を動かして一つのことを成し遂げていく力を，みずのわでは「政治する力」と呼んでいる。

　5年生の3学期から6年生の期間，一人一人がリーダーとして下学年の学級に入り込み，5，6人で構成した一つのグループを担当していく。このときの政治する力によって，担当の子同士の心と心のつながりが生まれ，仲間関係がスムーズになり，仲間を大事にしていこうという意識を高めることにつながっているととらえて

いる。

　「みずのわ」は，心と心のつながりを大切にし，自他ともに存在価値を見いだす活動である。この活動を通して，長良小学校では一人一人の居場所づくりを図っている。

　以下にその実践例を示す。

実践例

みずのわ　一人一人の居場所づくり

　6年生になって，1年2組の担当を希望したⅠさん。入学したばかりのかわいらしい元気な1年生とのかかわりをとても楽しみにしていた。その年度の6年生が全校に投げかけた石は「みずのわリズムで仲間とつながろう」であった。学年ごとに決められた課題曲に合わせて，グループでリズム打ちや踊りを考える活動を通して，仲間の考えを取り入れたり，よさを認め合ったりして，つくり上げた達成感をグループのみんなで味わえるように願っていた。

　週一回のみずのわ活動が始まると，思うように担当の子との関係を築けないことに，Ⅰさんは大変苦しんでいた。活動が終わって教室へ戻ってくるときには，毎回涙を流しているのだ。ⅠさんのグループのAさんが，なかなか活動に入り込んでくれなかったからだ。

　Aさんは，「僕，やらんもん」と言って，仲間に入ってこず，Ⅰさんやグループの仲間を困らせていた。「そんなこと言わんと，みんなで一緒にやろうね」とⅠさんが優しく声をかけても，逆に近寄ってくるなと言わんばかりに，Aさんは足を蹴ってきたり，差し出そうとする手を叩いてきたりした。Ⅰさんがどうしようもなく困っていると，Aさんは遠くへ離れて行ってしまう。Ⅰさんは，活動に入らないAさんを放っておくわけにもいかない。しかし，Aさんを追いかけて連れ戻そうとしている間，担当している他の1年生の子たちが，放っておかれてしまう。「今度はもっとたくさん声をかけてみる」「Aさん以外にも，目を向ける」と，自分なりに考えて試みてみるのだが，大きな変化につながることがなく，こんな状態が，何回か続いていたのだ。当然，周りのグループと比べると，リズムの創作が遅れていた。Ⅰさんは，担当の子とかかわりをうまくもてない自分と，他のグループから遅れていることに，焦りを感じていた。その焦りが，さらに自分を追い込み，どうすることもできない状況に陥っていたのである。

　この状況を，同じ学級に入り込んでいる仲間も心配していた。そこで，担任がⅠさんの悩みを取り上げ，同じ学級に入り込んでいる仲間で，どんな働きかけをすれば，Aさんが活動に入ってくれるか話し合った。「Aさんばかりに寄り添っていると，他の子とのつながりができない」「Aさんは，まだ学級の子たちと馴

染めていないのではないか。もっと，仲間と一緒にいることを楽しめるようにしたらどうか」「みずのわ活動の時間だけじゃ足りないよ。休み時間にもっと行くべきだ」「私たちもＡさんが，みんなと一緒にいることを楽しめるように協力するよ」と，Ｉさんの悩みを真剣に考えた。

　Ｉさんのかかわり方は，これをきっかけに変化し始めた。まず，休み時間のすべてを担当の子たちと過ごすことに費やした。日替わりで一人一人とじっくりかかわり，一緒に過ごした。特に，Ａさんのときは，Ａさんの好きな遊びにつき合った。ちょっとぐらい叩かれても，逆にそれをきっかけに追いかけて，鬼ごっこのように遊びまわった。Ｉさんだけではなく，同じ学級担当のＫさんやＭさんも混ざって，Ａさんに一緒にかかわった。Ｉさんは，ＫさんやＭさんの支えを受け，自分自身も心を強くし，涙を流さず取り組んでいく姿に変わっていこうとしていた。

　熱心に続けてかかわりを求めていった成果が，みずのわ活動でも表れ始めていた。Ａさんが，他の子と一緒に同じ場所にいられるようになった。そして，「僕，やらんもん」と言うことがなくなり，Ｉさんや他の子がリズム打ちをしているのを，じっと笑顔で見つめるようになった。ＩさんがＡさんに手のひらを差し出すと，Ａさんはにこっと笑って手を握った。そして，そのつないだ手を前後に大きく振った。

　Ｉさんは，このみずのわ活動を通して，Ａさんとの心のつながりを感じている。初めは，自分から逃げて行ってしまっていたＡさんが，手をつなぎ，笑顔を見せるようにまでなった。Ｉさんは，自分の心と相手の心をつなげるということの難しさに気づくことができた。そして，心と心のつながりをもつためには，相手とどのように接していくとよいのか，どんな働きかけをするとよいのかということを，必死になって考え，実践した。この思考と行動が，心と心のつながりや深まりを生む糧となる。

　また，Ａさんにとっても仲間づくりのよい体験となったであろう。Ａさんは，もともと恥ずかしがり屋な部分があり，自分を強く見せようと素直に行動できないことがあった。Ｉさんの積極的なかかわりや，周りの子のつながりになかなか素直に入っていくことができなかったのであろう。ＩさんのかかわりがＡさんの一部となり，これから６年生に至るまでに，同じような経験を積み重ねることで，Ａさんの心と心のつながりの成長がさらにみられることを願っている。

　このように，みずのわ活動では，６年生が担当の子のことを必死に考え，かかわりをもつことで，心と心のつながりを深め，一人一人を大切にしている。また，担当の子も６年生のお兄ちゃんお姉ちゃんのことを，尊敬し，憧れをもつ。一人一人

の居場所が確実にあり，大切にされる活動といえ
よう。

▌4節　全校係活動

1．指導の立場

　全校係活動は，子どもたちが自分たちの学校生
活を向上させるために，奉仕の意識に立ち，自発的・自治的に学校内の仕事を分担・
実施していく活動である。そして，「政治する力」の中の「見つめる力」を高める
ことに重点を置いた活動である。日常生活のあらゆる場面から全校の長良っ子の姿・
思いを見つめ，よりよい学校生活を願い，創造的な活動を決めて活動する。そうす
ることで，3学期，6年生に行うみずのわ活動を自分たちで進めていく力を高める。
　担当する5年生には，「全校の生活をよりよくしたい」という意識を大切にして，
生活の中で自分ができることを見つけ出し，係・学級・学年で力を合わせ，分担し
た仕事を工夫改善しながらやりぬいていく姿を求める。その活動を通して全校のよ
さや変化を見つめられるようにする。具体的には，長良っ子のよい姿が，どのよう
な思いから表出しているのかを見つめることで，そのよさを価値づけ，広めていく
ようにする。
　また，指導に際しては，取り組みの過程を見届けることを大切にする。子どもが
全身を使って全校の生活を見つめ，その生活を向上させていこうと具体的に活動を
決めていく営みを価値づける。このことを通して，子どもが奉仕し続けてきた成就
感を味わえるような結果が出せるようにする。そのためにも，日常の指導は5年
生担任が中心となって行うが，より確実に見つめる力を高めていくために，全職員
で5年生の全校係活動を指導していくことが必要不可欠である。

2．ねらい

　長良っ子のよりよい生活を願って，自分や仲間の姿や思いから生活を見つめるこ
とができる。さらに，長良っ子の生活を高めるための活動を決めて，自分と仲間が
学校生活をよりよくするという思いをもって最後までやりぬくことを通して，「見
つめる力」を身につけることができる。

3．一年間の指導（例）

　全校係は，5年生（4年生3学期から5年生2学期）の活動であり，5年生の担

当教師が，全校係活動で目指す5年生の心の高まりや姿，全校の意識や姿を明確にし，その指導の重点を全職員と共通理解することが欠かせない。そのために，全校係活動の指導の方向と方途について，学年部，指導部，運営委員会で検討したのち，全職員で徹底した共通理解を図る（表4-2）。

具体的な指導の方向は，育てたい力をもとに，たとえば，表4-3のように描く。

表4-2　全校係活動の内容（例）

	報道係	図書係	健康係
願い	• 長良っ子が聴きやすい放送をして，素敵な姿を広めたい。	• 長良っ子にたくさんの本を借りてもらい，本を好きになってもらいたい。	• 長良っ子が健康・安全で，元気よく学校生活が送ることができるようにしたい。
主な活動	• 朝，給食時の放送	• 本の貸出・返却の手続き • 本（図書館）の環境整理	• 石鹸・トイレットペーパーの確認・補充 • 手洗い場・トイレのそうじ • その日の環境に合わせた窓の開け閉め • 朝マラソンの準備・外遊びの推進
活動内容	• 長良っ子のよさを広める放送（よい姿紹介・表彰） • 長良っ子の生活を高める放送	• 本を借りてもらえる働きかけ・呼びかけ • おすすめ本・学級文庫の準備 • 読書週間の準備・取り組みの実践	• トイレのスリッパの整とんや啓発 • グラウンド・ランニングコースの整備 • 手洗い・うがいの呼びかけ

＊係の名称や分担については，該当学年で決定する。
＊それぞれの係について，子どもから「こんな係が必要だ」と自発的に出てくるような組織づくりに努める。

表4-3　一年間の指導の方針（例）

学年	育てたい力	報道係	図書係	健康係
4年・3学期	「計画する力」 • 飼育活動でつけた計画する力を生かし，よりよい学校生活を目指すための活動を計画する。	4年・1月：5年生から全校係活動を引き継ぎ，全校係活動に向けためあてと組織づくり		
		• 報道係のめあてを決める。 • 5年生から引き継いだ活動をもとに，活動を計画し，実践していく。	• 図書係のめあてを決める。 • 5年生から引き継いだ活動をもとに，活動を計画し，実践していく。	• 健康係のめあてを決める。 • 5年生から引き継いだ活動をもとに，活動を計画し，実践していく。

5年・1学期	「見つめる力」 • 担当学級の子のよい姿を見つめる。 • 当学級の子のよい姿が生まれた要因を見つめる。（思いを見つめる） • 担当学級の子のよさを継続性や，汎用性などから見つめる。 • 担当学級の子のよい姿の高まりを見つめる。	4月：全校係活動における学年での願いの共通理解と合い言葉づくり		
		• 願いを共有する。 • 報道係のめあてを見直す。 • 報道係での願いを達成するための活動を考え，長良っ子が聴きやすい放送づくりをする。 • 願いや合い言葉から，報道係の1学期の活動を見つめる。	• 願いを共有する。 • 図書係のめあてを見直す。 • 図書係での願いを達成するための活動を考え，長良っ子がたくさん本を借りに来てもらえるような活動をする。 • 願いや合い言葉から，図書係の1学期の活動を見つめる。	• 願いを共有する。 • 健康係のめあてを見直す。 • 健康係での願いを達成するための活動を考え，長良っ子が健康・安全に生活できるような活動をする。 • 願いや合い言葉から，健康係の1学期の活動を見つめる。
		7月：1学期の全校係活動の成果と2学期への課題の明確化		
5年・2学期		• 1学期の課題をもとに，2学期の活動計画を立てる。 • 長良っ子のよさを具体的に伝えられるよう，放送の仕方や取材の仕方を工夫する。 • 願いや合い言葉から，一年間の報道係の活動を振り返る。	• 1学期の課題をもとに，2学期の活動計画を立てる。 • 長良っ子が本を好きになってもらえるような工夫した活動をする。 • 願いや合い言葉から，一年間の図書係の活動を振り返る。	• 1学期の課題をもとに，2学期の活動計画を立てる。 • 長良っ子が，毎日元気よく快適に過ごすことができる活動をする。 • 願いや合い言葉から，一年間の健康係の活動を振り返る。
		• 12月：一年間の全校係活動の振り返り・4年生への引き継ぎ		

5節　飼育・栽培活動

1.　指導の立場

　飼育・栽培活動とは，動物や植物の世話をすることを通して，命の尊さや相手を思いやる心情を育てる活動である。全校の代表として，動物や植物の命を守り，世話をする仕事に責任を感じながら，学年の仲間と全校の「みずのわ」に主体的に取り組めるようにする。動物の気持ちを動物の身になって考えたり，植物の様子をよく観察したり，よりよい活動にするために仲間の考えを取り入れたりして，飼育・栽培活動に「計画的・継続的」に取り組むことで，願いの実現に向け，問題解決の仕方を学ぶ姿を求めていく。動物や植物の様子をくわしく観察する中で，愛着をもち，動物や植物に寄り添い活動を計画することで，生命を尊重し，思いやる心情や態度を高める。

2. ねらい

　飼育・栽培活動を通して，生命を尊重し，相手を思いやる心情を育てるとともに，全校の「みずのわ」に主体的に取り組む態度を培い，「実践する力」や「計画する力」を身につけることができる。

3. 取り組み組織と常時活動の例

　上の学年の子たちがどのように進めてきたのかを理解しながら，命を守るためにはどのような仕事が必要なのか，子どもたちが組織や活動の進め方について考え，計画的に進めていくことが大切である。活動時間は，原則として朝と昼休みの一日二回としている。アレルギーに関して配慮し，動物に触れないように指導する（表4-4，表 4-5）。

表 4-4　飼育活動の役割（例）

役割の例	ごはん	ベッド	小屋の中	広場	小屋周り
常時活動の例と留意点	• 動物が食べることのできる野菜を少しずつ子どもたちが家庭からもってくる。 • ラビットフードを適量混ぜる。	• 新聞紙を子どもたちが家庭から持ってくる。 • 新聞紙を家庭で裂いてくる。 • 適した幅に新聞紙を裂いて敷く。 • 藁を適量入れる。	• フンと新聞紙をちりとりとほうきでとる。 • 気温や状況に応じて部屋に新聞紙を敷く。 • フンやごみはごみ箱に集めておく。	• 小屋中を掃除している最中に動物が休む広場を掃除する。 • うさぎを見に来る子にふれ合いを促す。	• 小屋の周りのフンや，公民館の側溝の落ち葉や枝，ごみなどをとりきる。 • 火，金はごみを出す。

表 4-5　活動計画および活動内容の例

学年	月	育てたい力	ねらい	飼育内容	くらし 大事にしたいこと	栽培活動
3	1	「実践する力」 任された仕事を最後までやりきる。 ↓	任された役割を力いっぱいやりぬくことで，活動することの充実感を味わい，動物や植物への愛着を深めることができる。	• 組織と合い言葉決め • 活動の見直し • 全校へのお知らせ	• さあ，やってみよう飼育・栽培活動	• 畑の耕し • 花の栽培
	2			• 活動を見直そう		• 花の栽培

	3	時間内にやりきる。	飼育・栽培活動を振り返り，命を守ることの責任や仕事をやりぬくことの難しさと達成感を味わうことができる。	•3年生の活動の振り返り	•活動の宝物をたしかめよう	•卒業式に向けた花づくり活動
4	4	「計画する力」動物や植物に負担をかけないように時間内に終わらせる計画を立てる。	新しい仲間と日常の飼育・栽培活動に対する見通しをもち，やりきることができる。	•飼育活動によせる思いと願いの明確化（合言葉決め）•新しい仲間とやりきる当番活動	•活動をやりきる作戦を考えよう	•畑の耕し•一年間の見通しづくり
	5	↓	時間内に飼育・栽培活動をやりきるために，自分の役割に責任をもち，見通しを立てて活動する。	•時間内にやりきるための活動内容の話し合いと実践	•活動を見直そう	•花の種植え
	6	動物の健康状態や植物の育ち具合を観察し，気持ちよく過ごせるようにするために，丁寧に掃除することに取り組む。	動物の健康状態を観察したり調べたり，植物の育ち具合を観察して，過ごしやすいような環境にする計画をし，取り組むことができる。 自分ができるようになったことを生かし，夏休みの活動計画を立てることができる。	•動物の健康状態に合わせて，過ごしやすい環境にする仕事内容の計画•丁寧にやりきるための活動内容の話し合いと実践•1年生に向けた飼育祭り•夏休みの活動の具体的な計画	•過ごしやすい環境について考えよう	•花の栽培•お知らせ
	7				•夏休みの活動を考えよう	•花の栽培•花祭り
	8	↓	動物の命を守りきる気持ちを強くもち，1学期に身につけた「計画する力」「実践する力」を生かして，飼育・栽培活動をやりぬくことができる。	•動物の健康状態や様子と気候の様子を考えた仕事の細かな計画		

79

9	一羽一羽の動物や植物の様子，特徴，健康状態に合わせた仕事の細かな計画を立てる。	仲間と声をかけ合い，協力して動物や植物に寄り添った活動の仕方を考え，仲間と考えた工夫や自分なりの工夫を取り入れて計画する。また，自分の担当の仕事を確実にやり切り，動物や植物の特徴に合わせて仕事の工夫を計画し実践する。	●動物の健康状態からわかってきたことをもとにした，仕事の工夫の仕方についての計画と仲間との実践 ●全校に活動を広めるための飼育・栽培祭りに向けた計画	●時間内に丁寧にやりきる方法を考えよう	●花の種植え ●お知らせ
10				●活動を見直そう	●花の栽培
11	命を大切にする気持ちやその取り組みを広めるための活動の計画を立てる。	自分たちの飼育・栽培活動に自信をもち，全校に命を大切にする気持ちを広めるための活動を計画し，つくり出すことができる。	●命の大切さを伝える飼育・栽培祭り	●命の大切さを全校の仲間に広めよう	●鉢植えづくり ●教室に届ける
12	物言わぬ動物や植物から自分たちが学んできたことに誇りをもってやりぬき，3年生に引き継ぐための計画を立てる。	全校に，一年間で学んできた命の大切さを伝えたり，特に3年生には，命を守っていくことの責任とその活動を引きついだりするための取り組みを計画することができる。	●4年生の飼育・栽培活動の振り返り ●3年生の子への引き継ぎ ●飼育・栽培活動について伝えきる飼育まつり	●飼育を引きつごう	●栽培活動の振り返り ●栽培祭り

▌6節 「いずみ」（クラブ活動）

「いずみ」の時間は，長良小学校の教育目標「自主」「連帯」「創造」「健康」の中で「創造性」（＝自ら感じ，考え，見いだして表すことのできる子）を伸ばす場として，位置づけられている。いずみにおける一年間の活動例は図4-8を参照されたい。

1．原点からの「いずみ」のとらえ

「いずみ」は，次のような考えで創設された。

> 　あることがらについて，好きな児童が集まって好きなことをする時間ではあるが，レクリエーション的に楽しい時間ということでなく，<u>本質的深さにうちこんでいく喜びであり，楽しみ</u>でなければならない。<u>児童をその児童の長所できたえる</u>のである。しかも，その場面を<u>指導者の最も得意とする舞台で構成</u>したいと考えた。児童と教師とが，イキのぴったりあうところに，いずみの時間の前進が期待されたのである。（中略）
>
> 　「いずみ」のように，こんこんと尽きることなく生涯の一つの花をひらいてゆくみちすじでありたい。その芽を小学校でひらかせたいと考えている。（昭和43年度『長良の教育』より）
>
> 　**泉のように尽きることのないものごとの本質を，教師と子どもがともに追求し，みつけ，創り出していく時間である。**（昭和46年度『長良の教育』より）

　いずみで願う子どもの姿とは，教師の感化を主軸として，「ものごとに徹する子」「工夫する子」である。

　「ものごとに徹する子」とは自ら課題をもち，その課題に進んで取り組み，粘り強く追求する子である。また「工夫する子」とは解決の方法を自分で決めたり，つくり出して解決し，そこから新たな価値を見いだす子である。

2.「いずみ」におけるたくましさ

　「いずみ」活動の中で自ら課題をもち，進んで取り組み，粘り強く追求することで，課題解決の方法をとらえ，新たな価値を見いだす姿を目指していく。その中で育まれるたくましさを，本校の教育目標である四つの視点でとらえ，以下のような具体的な姿を目指す。

　　自主：湧き出す興味や，願いをもとに，ひたむきに活動に没頭し，粘り強く追求する姿
　　連帯：仲間とともに，活動の中で工夫し磨き合い，よりよいものを追求する姿
　◎**創造**：課題解決の方法を決め出し，実践することで，ものごとの新たな価値を見いだす姿
　　健康：価値ある作品に，憧れを最後までもち続ける姿

―ひとりひとりが源流づくり―

いずみ **旗揚げ** **（5月）**	○ **旗揚げ　―湧き出す興味―** 教師が，自分の教科の専門性を生かした分野で黙々と追求している姿に，子どもが憧れをもち，「一年間この先生とこのことを深く追求したい。」と思うテーマ・内容の「いずみ」を決定する。そのことを一年かけて追求する中で人間性をつくり上げる。

《子ども》教師の専門性溢れる姿に感化され，この先生と一つのことを深く追求したいという思いをもつ姿
《教　師》自らの専門性を存分に発揮し，子どもが現時点では到達し得ない深みのある姿

<旗揚げの例>
・作品制作に関するいずみ　→　作品作りに没頭する。よりよい作品を求め制作し続ける。
・技能に関するいずみ　→　練習する過程を示しつつ，目指すべき姿を実演する。
・探求に関するいずみ　→　より質の高いものを求め，何度も挑戦し続ける。

一年間の **追求**	○ **一年間の追求　―噴き出す意欲と必死の探求―** 活動計画をもとにいずみ発表会の姿を描き，計画的に取り組む。教師の営みから，自己課題を見いだし，計画的に取り組む。

【子どもの姿】
・自分自身で願いやテーマをもって，とことん追求していく。
・追求の仕方が身に付き，活動の見通しをもって，取り組む。
・教師の姿やそれまでの取り組みの中で見つけたことを生かし，解決しようとする姿が見られる。
・それまでの取り組みの中で発見した方法や反省を生かし，解決方法を見つけ，さらなる課題に向かっていく。

【教師の姿】
・自分自身で願いやテーマをもって，とことん追求していく。
・子どもにとらえさせたい追求の姿を，意図的・計画的に示すことで，指導を行う。
・教師が追求する姿や，自己の取り組みの中で見つけたことを生かし，解決しようとする子どもの姿を見届け，価値づけをする。

◆ **教師の姿からの感化**
教師も子どもとともに追求し，いずみをつくり上げる。滲み出た教師の研究活動の深さ，生き方に子どもたちは魅せられ，憧れを抱き，向かうべき方向や取り組みを見いだしていくことができるようにする。また，子ども自身が見いだした追求の仕方や，作品に対しての価値づけを行い，響き合う姿を求めていく。教師からの感化と価値づけによって，創造的な活動の高まりを生み出す。

いずみ **発表会** **（2月）**	○ **いずみ発表会と振り返り　―響き合う価値・譲り渡すいずみの源流―** 一年間取り組んできたことを発表し，自らが追求してきたことの価値を，堂々と姿で示す。発表会では，子どもの自身あふれる姿や，追求してきたことの価値を堂々と語る姿である。その姿は，人間性の高まりであり，作品からも滲み出るものである。それを見た，他のいずみや，3年生の子どもたちが，来年度へのいずみの見通しをもち，いずみに対する意欲を高める。 また，子どもたち一人一人が，自己の一年間を振り返り，創造したことを今後に生かしていく決意を抱く場とする。

左側欄外：
教師の姿から感化／相互に響き合う
いずみ反省会　各いずみでの振り返り
教師の姿から感化／相互に響き合う

図4-8　いずみにおける一年間の活動例

5章

仲間づくりの生活としての授業
仲間とともに学び合うシステムをつくり出す

山住勝広

　岐阜市立長良小学校におけるすべての学年・学級に共通するのは，仲間とともに学び合う教科の授業が，年間を通じて毎日，一貫して実践されていることである。それは，仲間づくりの中で自分づくりを進め，自分づくりを仲間づくりと結びつけるような授業をつくり出そうとするものである。つまり，教科の授業において，仲間とかかわる中で，一人一人の個の変容が目指されているのである。また，3章1節で述べられている「仲間とともに学び合う指導」にあるように，子どもたちが互いに「聴く力・話す力」を発揮して，「言い合う」→「わかり合う」→「学び合う」→「練り合う」といった段階で，学習を高め，深めていく姿が，教科の授業において日々，育まれている。

　このように，「仲間とかかわる中で自分の考えを構築していく」（岐阜市立長良小学校, 2016, p.13）こととして子どもたちの学習過程を見るとらえ方は，レフ・ヴィゴツキーに代表される「学習の社会的性質」（山住, 1998 参照）に関する見解と共通するものである。この見方に立つならば，一人一人の学習は，私的な内的過程ではなく，外部の世界に働きかけ，他者と対話する社会的な活動から生まれてくるものと考えられる。ヴィゴツキーはそのことを，「よく考えることから議論が生まれる」のではなく，「議論からよく考えることが生まれる」（Выготский, 1931/1983, p.147）と，まさに逆説的に表現している。つまり，個人の思考過程がまずあって，次に集団的な議論が二次的に生じるのではなく，逆に，集団的なかかわり合いや「どう議論（行為）するのか」ということが一次的にあって，そこから個人の思考過程が発生してくると見ることができるのである。こうして，授業における子どもたちの学習で根本的に重要になってくるのは，「集団生活の形態から個人的反応がいかにして生まれてくるのか」（p.146）を問うことなのである。

　本章では，2章・3章で述べられているような長良小学校における仲間づくりを

基盤にした授業実践が，子ども主体の「学ぶシステム」をつくり出す独創的で卓越した取り組みであることを，授業参観から得られたデータをごく一部であるが用いながら，具体的に描き出してみたい。その際，人が学ぶ環境や場をダイナミックな「活動システム（activity system）」としてデザインする「活動理論（activity theory）」の枠組みも援用し，長良小学校において子どもを主体にした学習の「活動システム」が教師と子どもたちの協働からどのようにつくり出されているのかを検討していくことにする。

1節 「守り合っておちつき」「助け合ってたのしみ」「教え合ってはげむ」を基盤にした協働学習の「活動システム」

　野村芳兵衞は，1974（昭和49）年5月22日，78歳のときに，岐阜県の本巣町立外山小学校（現・本巣市立外山小学校）において，「野山あそびと作文教育」と題した公開授業を4年生に対して行っている（この公開授業の記録を詳細に分析・解釈した論文として，渡辺，1999を参照。また，「野山あそびと作文教育」の学習指導案と授業記録，授業を受けた子どもの作文「あそびの名人」が，授業風景の写真とともに，岐阜県教育委員会，2001，pp.158–166に掲載されている）。当時，外山小学校では，若いころから野村に師事した郷良明校長のもと，校舎に隣接した愛称「コボ山」（「コボ」は，岐阜県奥揖斐の言葉で子どものことである。川口半平，岸武雄，鈴木頼恭，赤座憲久ら，岐阜の教師たちによって1972年に創刊された児童文学の月刊誌は，『コボたち』というタイトルだった）を自然の舞台に，野村の教育論に学びながら「野山学校」の実践が進められていた。

本巣市立外山小学校と「コボ山」

　外山小学校の校庭，「コボ山」の登山口には，1975（昭和50）年，次頁の写真のような，野村の自筆からなる「野山学校記念碑」が建てられ，「コボ山」に「野山学習コース」が整備された。以来，野村と外山小学校の教師たちの協働によって始められた「野山学校」の実践は，今日まで四十年以上にわたって持続的に発展してきている（たとえば，本巣市立外山小学校，2009を参照）。記念碑にある野村の言葉は，次のようなものである。

野山学校
虫とあそんで
虫のくらしとつくりを学び
草であそんで
道具のはたらきやしくみを学び
友とあそんで
なかまづくりの態度を学ぶ

　野村の公開授業「野山あそびと作文教育」は，外山小学校における教師たちの研修の一環として実施された，いわゆる「飛び込み授業」（担任ではないゲストが学級を借りて行う授業）だった。そのため，この授業には，教師たちによって筆記された，野村と子どもたちのやりとりに関する克明な記録，子どもたちの作文，授業後に野村が教師たちに対して行った講話の記録，そして授業風景や野村の講話風景の写真が残されている。渡辺千俊（1999）は，こうした記録を緻密に分析しながら，野村による「野山あそびと作文教育」の授業実践が今日の学校教育に問いかける重要な意味を，批評的に読み解いている。その中で，渡辺は，野村が授業において，「みんなで」「友だちと」「仲よしで」という言葉を頻繁に使うことに注目し，次のように述べている。「『公正』や『友情』は，氏（野村芳兵衛──引用者注）の教育観を示す重要な言葉であるが，常に仲間と個の関わりに目を広げている」（p.281）。渡辺は，野村のこのような教育観の基底に，彼が戦前，東京の私立池袋児童の村小学校で約13年間にわたり実践してきた「生活のための，生活による教育」の考え方があるとし，彼があげる生活教育の三つの方向性，すなわち「守り合っておちつき」「助け合ってたのしみ」「教え合ってはげむ」（野村，1973，pp.127–128）に言及する。その上で，授業記録に対する次のような解釈を提示している。

　　授業記録の中に，「丸をつくること（教師を囲んで丸く輪になること──引用者注）が速くできないと野山学校はうまくできません」や「学級の兄弟はいるかね」あるいは「勉強グループはいつも仲間で助け合おうね」等の投げ掛けが見られる。これらは「守り合い」「助け合い」「教え合い」ができる仲間であることが，『野山学校』を学習の場に止揚する条件であると教えようと意図されていることが理解できる。ありふれた表現の中に「人間性を育てる教育」の意図性をくみ取らなければ，「指示」「命令」「規律」ですまされてしまうところである。（渡辺，1999，p.281）

ここで渡辺が明確にとらえているように，野村は，仲間づくりの教育を方法論として，子どもたちが，「守り合っておちつき，励まし合ってつくり出し，分け合ってたのしむという連帯責任」（野村，1974, p.3）を自発的に担いながら，学習に協働して取り組むような授業のあり方を，公開授業を通して提起していると考えられる。それは，先に述べたような，学習を社会的活動と見るヴィゴツキーの考え方と共通している。そして，この点にこそ，野村の授業論がもつ最大の特色がある。

　しかし，ここで，野村に特徴的な授業論を，「授業における仲間づくり」と考えてはならない。そうではなく，その逆のとらえ方こそ，学習を社会的活動と見るアプローチなのである。つまり，野村は，「授業における仲間づくり」ではなく，逆に「仲間づくりにおける授業」という考え方をベースにして，仲間づくりを目指した学級の生活活動の中に授業を組み込み位置づけること，そしてそのような仲間づくりの中で授業をつくり出していくことを提唱しているのである。たとえば彼は，次のように言っている。「毎日の学校生活の中に，見学があり，飼育があり，製作があり，それを仲間作りの中でやらせて行く時，学級には，共通話題があり，共通課題がある」（野村，1973, p.156）。こうした仲間づくりの生活としての授業においては，仲間との協働生活が生み出す「共通話題」や「共通課題」が先にあって，それが一人一人の学習に対する動機を引き起こすのである。野村は，仲間づくりの中で生まれる学習への動機や意欲，自発性を，「いい点をとりたい」とか，「ただ個人的に勝ちたい」とかいったものではなく，「みんなに役立ちたい」という「人間らしいくらしの態度」に結びつくものであるとしている（野村，1974, p.3）。それは，協働生活を進め高めていくための対話や交流への意欲といえるものだろう。こうして学校における授業と学習は，仲間づくりに動機づけられ，それを目的に展開していく，協働の社会的活動とみられるのである。

　このように野村は，授業における子どもたちの学習を，「一人一人の足場に立ってみんなに結びつく」（野村，1974, p.3）という仲間づくりを基盤に生み出されるものと考えていく。その上で，野村は，子どもたちの学習指導が，「どんな場合でも，『子どもの足場で』『めざさせて』『道をみつけさせて』『歩ませて』『一歩前進させる』という，五つの条件が満足されなくてはならぬ」（野村，1960, p.82）と述べるのである。その際，子どもたちの足場については，次のような留意点もあげている。「……めざさせるのには，子どもたちの姿勢から作ってかからなくてはならぬのであって，みえとかごまかしとかの姿勢をとっている子どもは，決して，正しい学習をめざすものではない。まに合わせの学習ばかりするものである」（p.82）。この場合，「姿勢」とは，もちろん，「守り合っておちつき」「助け合ってたのしみ」「教え

合ってはげむ」という仲間づくりの中で自分づくりに向かっていく「人間らしいくらしの態度」のことであろう。渡辺は，野村にみられる仲間づくりを通した学習指導が，子どもたちに「学ぶ『システム』（学び方）を理解させていく」（渡辺，1999, p.285）ものだとしている。これまでの各章で述べられてきたことで明らかなように，長良小学校のすべての授業が，こうした仲間づくりの中で教科を学び合う「システム」を教室に構築しようとするものだといえる。

　以下，長良小学校に顕著にみられる特徴である，仲間づくりを基盤に教師と子どもたちが授業の中でつくり出す「学ぶシステム」について分析するために，ここでは，「活動理論」を用いてみることにしたい。「活動理論」は，人々が営む社会的活動を協働の「活動システム」ととらえて分析し，新たにデザインしていこうとする枠組みである（「活動理論」について詳しくは，山住，2017を参照）。今日，活動理論の世界的な第一人者である，フィンランド，ヘルシンキ大学教授のユーリア・エンゲストロームは，人々の「集団的活動」を，「主体」（個人やグループ）が「道具」（ツールや記号，手立てや方法，コンセプトやビジョン，技術）を用いて「対象」に働きかけ，求められる「成果」をめざして「対象」をつくりかえていくこととらえ，次の図5-1のように，七つの構成要素からなる「活動システム」としてモデル化している（Engeström, 2015, p.63）。

　たとえば，野村が提起するような仲間づくりの生活としての授業を，活動システムという点から見るならば，そこでは仲間との協働生活が生み出す「共通課題」を「対象」に，教師と子どもたちが協力し合う「主体」となって，課題の探究と解決という「成果」を目指して実行する集団的活動がつくり出されているととらえるこ

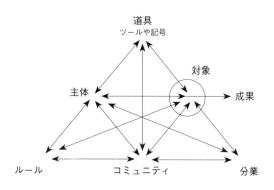

図5-1　活動システムのモデル

とができるだろう。その際，さまざまある中で，活動の一つの「道具」となるのは，「子どもの足場で」「めざさせて」「道をみつけさせて」「歩ませて」「一歩前進させる」というような学習指導の枠組みである。

　こうした活動システムは，モデルの下部にあるような，「コミュニティ」「ルール」「分業」といったいわば見えづらい社会的な諸要素を不可欠の基盤として成り立っている（Engeström, 2008, p.27）。氷山で喩えるとするならば，モデルにおける最上位の小三角形の部分は，海上に姿を現したその一角にすぎないのである。ある活動は，社会的・集団的な活動として，たとえば特定の教師と子どもたち，そして教室外の関係者から成る「コミュニティ」によって担われ，そのメンバー間での「分業」，たとえば教師と子どもたちの協力・協働といった，異なる役割や行為の分担によってのみ遂行されることができる。このことは，活動を行う人々の間でのやりとりやかかわり合いを規制し拘束する「ルール」，たとえば仲間づくりの約束事を必要とする。

　活動理論の枠組みは，こうして，活動システムのモデルを使いながら，「子どもたちが参加している活動は何か？」，また「子どもたちはどのようにしてその活動に参加しているのか？」に焦点を合わせようとするものなのである（Greeno & Engeström, 2014 参照）。そのことによって，学校における子どもたちの学習が，単独の個人ではなく，より次元の高いレベル，すなわち「対象」「道具」「コミュニティ」「ルール」「分業」といった構造的な諸要因が連関する活動システムのレベルでどのように生み出されているのかをとらえることができるようになる。

　次節以降では，長良小学校の授業実践を対象に，活動システムのモデルにあるような諸要素に着目しながら，教師と子どもたちが仲間とともに学び合うシステムをどのようにつくり出しているのかを明らかにしてみたい。

▐ 2節　子どもたちへの信頼にもとづく授業——学習の責任と権限を委ねる

　2015（平成27）年9月17日，長良小学校3年杉野翼学級の理科授業は，「1学期花がさいていたヒマワリは，どうなっているのかな」を学習課題に進められていた。授業の開始早々，杉野先生は，この課題を子どもたちに投げかけ，黒板の左上に記した。子どもたちは即座にノートの新しいページを開け，その冒頭にこの課題を書いていった。その際，課題を各自でつぶやいて読み上げることも行われた。こうしたノートへの課題の筆記と個々の子どもによる読み上げは，長良小学校の他学級でも多く行われている。しかも，子どもたちは，課題をノートに書き，読み上げ

た後,口々に自分の予想をつぶやき始めるのである。この授業では,「たねがとびちっている」「花はパリパリ」「花びらがとれている」「黒いたねに線がある」といった予想がそれぞれの子どもによってつぶやかれた。このように子どもたちがつぶやいている間,教師は無言でそれを板書していく。子どもたちも自分たちの予想をノートに書いていく。

その後,杉野先生は,子どもたちの予想をさらに広げていく,次のような発問を行った。

> **教師**　今,みんなねえ,書きながら,いろんなことを予想として,それから見てきたよっていうことを教えてくれたけど,花とか,きっと花って,花びらの花,知ってるんだろうなって思ったのと,たねとかって言葉が出てきたけど,みんなが観察してきたことって,お花とたねのことだけやったっけ?
>
> **クラス**　くきとか。葉っぱ……。
>
> **教師**　そうそう,くきとか葉っぱも見てきたよね。くきとか葉っぱは,どうなっとるんだろう?
>
> (口々に自分の予想をつぶやきながら,ほぼ全員の子どもが挙手する)
>
> **教師**　予想をもてること,大切やね。

ここで,ジェームス・スティグラーたちによって行われた,学校における授業の日米比較研究を参照するならば,杉野学級の授業に見ることのできる活動システム上の優れた特質の一つを明らかにすることができるだろう。スティグラーたちは,アメリカの教師たちの授業と比べた場合,日本の教師たちの授業に見いだすことのできる注目すべき重要な特徴が,次のような点にあることを授業ビデオの比較分析から明らかにしている。

> ……日本の授業では,そのほとんどが,つねにただ一つの問題から始まる。そして,その問題を解決していくことが,授業の全体を通したテーマになるのである。このように一つの問題だけに集中することによって,授業は首尾一貫したものとなり,問題を徹底的に解明することができる。日本の授業と比べてアメリカの授業では,生徒たちは数多くの問題に取り組んでいる。つまり,問題解決の質よりも量を強調しているのである。(Stigler, Fernandez, & Yoshida, 1996, p.161)

特別に準備された公開授業や研究授業ではなく，日々，ごく普通に行われている日常的な授業の観察を積み重ねてきた私の見方からすれば，長良小学校のすべての学年・学級の授業が，スティグラーたちが指摘するような，日本の授業がもつ首尾一貫性や問題解決の高い質といった特徴を備えているといえる。つまり，長良小学校の授業は，一問一答式のような「低レベルの学習課題」（Elmore, 2005, p.282）を数多く繰り返すものではない。たとえば，杉野先生の授業での学習課題，「1学期花がさいていたヒマワリは，どうなっているのかな」は，正しい一つの答えを子どもたちに期待したものではない。むしろ，こうした発問は，子どもたち一人一人に，自分自身の独立した考えや解釈を求めるものであり，その意味で，発問は，多義性やあいまいさに対して開かれたものになっている。そして，それに対する答えは，子どもたち自身の個性的な理解や生活経験にもとづき，多様な広がりをもつものになることができる。事実，この問いを受けての子どもたちの応答では，次のような授業記録からの抜粋にみられるように，子どもたちのそれぞれに個性的な予想が活発に出されたのである。

教師　Aさん。

A　はい。（教室の後ろに行き，クラスの方を向いて）私は，前は，葉っぱのことでいうんだけど，前は，（教室前方の黒板のところに行き，黒板に縁がギザギザの葉の絵を描いて示しながら）こういうふうにギザギザ，ここが緑色とかのときは，こういうふうにギザギザになってたけど，葉っぱがギザギザになっていたけ

れど，（黒板にしおれた葉の絵を描いて示しながら）今はしおれて，色も茶色くなっていたから，ここが変わると思います。

B　はい。

C　違います。似ています。

教師　色と，しおれる……。Dさん。

D　はい。（教室の前にて出てきて，クラスの方を向いて）私はAさんに似ていて，葉っぱのことでいうんだけど，葉っぱは，色はAさんと同じで茶色で，前は緑色だったけど，今はたぶん，茶色になって，葉っぱは，中にこうやって（ジェスチャーをしながら）縮まっている感じになっていると思います。

E　ああ，クルクルになってさ，しおれてさ，茶色に……。

F　ああ。

教師　そうか。「前は」って，よく思い出しながら考えてくれるんやね。Gさん。

G　はい。（教室の後ろに行き，クラスの方を向いて）私はくきのことを話すんだけど。

教師　ほう，くき。

G　くきは，前までは，ちゃんと（ジェスチャーをしながら）まっすぐになってましたよね。（前の黒板のところに移動して）前までは（黒板にまっすぐなくきを描きながら）こういうふうになってたけど，もう今は（黒板に折れ曲がったくきを描きながら）こういう感じに，ちょっと何か倒れていって，花が，こういう感じになってると思います。

F　はい。

教師　ほう，ほう，ほう。くきのかたちが変わるって考えたんだね。よし，ありがとう。いいね。じゃあ，今，みんなが言ってくれたことと，葉っぱ，くきの話もしてくれたので，花のことだけじゃなくて，こっちもどんなふうに変わったのかをしっかり観察してみましょう。

クラス　はい。

　ここでの子どもたちの発言は，一斉授業において典型的な一問一答式のものとは大きく性質が異なっている。一問一答式の場合，教師と子どもとの間のやりとりは，教師の質問（initiation）に続いて子どもの答え（reply）があり，それを受けての教師の評価（evaluation）があるという，いわゆる「I-R-E連鎖」（Mehan, 1979）を基本パターンにする。こうしたスタイルは，ワークシートの空欄を埋めたり，辞書で言葉の意味を調べたり，定義を書き出したり，文章から語彙だけぬき出して学習したり，教科書から事実を抜粋したりするような低レベルの学習課題に適した授業の方法・技術であるといえる。そこでねらいとなっているのは，特定の正しい一つの答えを子どもに伝達することであり，あらかじめ決まっている通りにその答えを子どもが理解できたかどうかを評価することである（詳しくは，山住, 1998, pp.78-80を参照）。この場合，即座に正しい答えが言えなければ，否定的な評価を受けるリスクが子どもの側に生じる（Kelly & Turner, 2009, p.1684）。そのため，

特に学業達成が下位の子どもは，一斉授業に典型的にみられる I-R-E 連鎖のような
やりとりを回避する傾向がある。このことは，授業への参加度を抑制し，低下させ
るものになるのである。

　対して，杉野先生の授業は，先に述べたように，教師の問いに対する正しい一つ
の答えを子どもから引き出すことに焦点を合わせたものではない。むしろ，上の抜
粋にみられるように，観察や生活経験に根ざす自らの個性的な考えを自由に発表し，
学級での対話を通した考えの共有に一人一人が参加していけるよう，教師は子ども
たちを支援しているといえるだろう。また，子どもたちは，自分の予想を，言葉で
説明するだけでなく，ジェスチャーをまじえ，身体的に表現する工夫も積極的に行っ
ている（前頁の写真を参照）。この点に関して少し付言すれば，ここでの子どもた
ちの身体表現を使った説明は，二日後に控えた運動会での3年生の演技「モンシ
ロチョウの一生」（小さな卵から産まれ，育っていくチョウを，さまざまな動きで
表現）と関連したもののように思われる。

　このように検討していくと，杉野先生の授業は，前述した野村芳兵衞の学習指導
論にあるような，子どもが自分の足場に立って学んでいくことを励ますという考え
方にもとづくものと見ることができる。そのような授業は，教室で教師から否定的
な評価を受けることの不安や恐れを子どもたちから取り除くものである。なぜなら，
「一人一人の足場に立ってみんなに結びつく」（野村，1974，p.3）という仲間づく
りの授業では，子どもの発言を既定の正解に照らし，ただちに正しいとか間違って
いるとか評価することが行われるというよりも，そうした評価が先延ばしにされ，
子どもたち自身の観察や生活経験にもとづく独立した多様な思考や理解・解釈こそ
が徹底的に尊重されるからである。

　野村は，1953（昭和28）年，岐阜市立徹明小学校校長のとき，「自分が三十年
以上も教師をやって来て，自分の見つけた教育原理として，自慢していいと思うも
のが一つある」（野村，1953，p.88）として，次のように述べている。

　　「子供の答には，つまらぬものは一つもない」
　と，言うのが，それである。これは一寸おかしいことにきこえるかも知れない
　が，成程，問には，正解の基準がある筈だから，どの答もみんな当っている な
　どとは言えないであろう。けれども，もし立場を変えて，その答が問に合って
　いるかどうかと言うことではなく，その答は，問に対して，どんな位置をとっ
　ているのか，つまり，その子どもはその問題に対して，どう反応しているかと
　言う，子どもの位置を知ろうとするならば，凡ての答は，一つとして，無意味

ではありえないと思うのである。(野村，1953，p.88)

　子どもの応答が，問いに対するそれぞれの立ち位置から発せられたものであることを知るならば，価値のない応答だと否定されるものなど一つもない。野村は，こうした一人一人の応答の意味を認めることによって，授業における学習を次のように導くことができるとしている。

　　そうすると，答えた子供も，自分の答えたことが無意義でなかったことを知るし，皆の子どもたちも，その問題を中心にして，お互の考え方の位置づけをするので，お互に，自分の頭の筋道を立てることが出来る。そればかりか，相互の立場を認めてやって友情を深めて行くことが出来る。(野村，1953，p.89)

　1節で述べたように，仲間づくりの生活として授業をとらえる野村は，授業が「共通課題を持ち，共同作業によって進められるべきである」(野村，1953，p.85)と考える。杉野学級の授業でも，子ども一人一人の発言が，一つ残らず意味づけられ，価値づけられ，子どもたちは互いの応答を位置づけ合い，認め合うことに取り組んでいる。この意味で，野村のいう「子供の答には，つまらぬものは一つもない」という教育原理は，杉野学級において具現されている。そのような原理に立つことによって，すべての子どもたちが仲間になって授業に参加していく道が切り開かれるといえるだろう。

　杉野学級の授業は，こうして，自分自身の思考と表現を生み出す自主的な学習に子どもたちが取り組んでいくことを支援し，励ますことを何よりも特徴としたものといえる。しかし，子どもたちの自主性を信頼し尊重し支援することは，そうした個人的な学習過程の面にとどまらない。教師の支援は，個々が自主的に学習することに加え，さらには授業における学習のやり方や進め方，そして授業そのものをどう運営するかまで，子どもたちが自主的に決めて実行するよう援助するものになっている（授業そのものを協働でつくり出すような子どもたちの自主性に対する教師の支援については，Stefanou, Perencevich, DiCintio, & Turner, 2004を参照）。たとえば，先に引用した場面の後，杉野学級では次のようなやりとりが起こった。

教師　じゃあ，今，みんなが言ってくれたことと，葉っぱ，くきの話もしてくれたので，花のことだけじゃなくて，こっちもどんなふうに変わったのかをしっかり観察してみましょう。

クラス　はい。

教師　雨が降ってるんですよ。

A　かさ。

教師　ちょっと雨の中，畑のところまでみんなが行くと，ずぶぬれになってしま
　　うので，楯先生と相談して，何本かヒマワリをぬいて……

クラス　えーっ……。

B　かわいそう。

C　根っこからぬけば，また植えれば大丈夫だと思う。

D　えーっ。

E　そんなことかわいそう。

F　そんなことやったらだめだよ。

G　かわいそう。

教師　だめ？

H　だめ。かわいそう。

I　私たちが行く。

J　かわいそう。

K　外行く。

L　私たちがかさをさして行ったら大丈夫。

M　ほんでさ，見つけたことを緑廊下（人工芝が敷かれた屋根のある渡り廊下
　　──引用者注）で書けばいい。

教師　わかった。じゃあ，書くのは緑廊下で書く。みんなそれは一緒にしよう。
　　緑廊下にノートを置いて，書くときに緑廊下に行って書こうか。わかった。じゃ
　　あ，みんながかわいそうって言ったんで，ぬかずに観察しようかね。

N　よかったな……。

教師　それでいい？　わかったよ。じゃあ，観察に必要なもの，何がありそうか
　　ね？

O　ノート。

P　定規。

教師　定規，長さもあるよね。

Q　虫めがね。

教師　鉛筆，虫めがねね。細かいところ，見たいんだね。わかったよ。

R　比べたい。

教師　比べたいから，前のノート。赤鉛筆持っていくの？

S　大切なところを変えるのに。(赤鉛筆で色を
　変えて書くという意味と思われる──引用者
　注)

教師　よし，じゃあ，準備できたよっていう人
　から行こうね。

　驚くべきことに，ここで子どもたちは，雨のた
めにヒマワリをぬいてきて教室で観察するという
教師の授業運営に異議を唱え，「私たちがかさをさ
して行ったら大丈夫」「ほんでさ，見つけたことを
緑廊下で書けばいい」という提案によって，自分
たちで授業の新たな展開を決めることをやっての
けたのである(右の写真を参照)。教師の側は，「わ

かった。じゃあ，みんながかわいそうって言ったんで，ぬかずに観察しようかね」と，
学年であらかじめ決めていたプランを捨て，きわめて柔軟に子どもたちの意志に応
えている。また，「じゃあ，観察に必要なもの，何がありそうかね？」と呼びかけ，
子どもたちが自発的に観察に向かうよう励ましている。このように，授業の組織運
営と学習のやり方の両面において，子どもたちの自主性がたくましく発揮されてい
るのである。

　子どもたちの自主性に対する杉野先生の信頼と尊重と支援は，上の抜粋に顕著に
見ることのできる，教室談話の特徴的な型にもよく表れている。つまり，教室での
教師と子どもたちの言語的なやりとりが，「指示」「命令」「規律」ではなく，互い
の「交渉」あるいは「相談」としてなされているという特徴である。こうした談話
のモードは，明らかに，子どもの独立した人格に対する尊重と信頼からくる。

　このように，杉野学級の授業は，協働で学習の活動システムを創造する「主体性」
や「責任」，そして「権限」を子どもたちに委ね，子どもたちの自主性に任せるこ
とを基軸にしているということができる。それは，子どもたちに，学習活動の主体
である感覚と互いの連帯感，責任感を高めていくものになっている。子どもたちは，
授業の中で，自分たちの学習活動を創造する「権限(authority)」を獲得すること
によって，その「制作者(author)」となることができているのである(Engeström,
2009, p.317 参照)。こうした授業は，図 5-1 の活動システムのモデルからすれば，
子どもたちへの信頼にもとづく教室談話の型を「道具」とし，教師と子どもたちの
交渉による授業運営という「分業」と，子どもたちに学習の責任と権限を委ねると

いう「ルール」によって，子どもたちの仲間づくり（連帯性）を通した自分づくり（自主性）という「対象」を目指すものだと見ることができよう。

　校庭の畑での傘をさしての観察から教室に戻った子どもたちは，「1学期花が咲いていたヒマワリは，どうなっているのかな」という課題について，高い意欲と意志に満ちた積極的な話し合いを勢いよく進めていった。子どもたちの姿は，この授業は自分たちの意志で決めた自分たちのものだというような高まりと自覚に裏打ちされたもののように，参観していた私には感じられた。授業の最終場面で，杉野先生は，それまでの子どもたちの発言をふまえ，次のような意外な問いかけを行った。「枯れてくって，じゃあ，死んでいってしまうってことなんかね？」。この後，子どもたちは口々に，「ううん，違う」「そうだよ」「枯れてって，種が落ちたらまた……」「そっからまた生き返る」「違うと思うよ。また違う命でしょ，今度は」など，次々と重なり合うようにつぶやいていった。杉野先生は，「じゃあ，それを次の理科の時間にみんなで考えていこうね」と次時につないでこの授業を終えた。まさに生命の本質に迫る問いかけといえるだろう。

▌▌3節　自分の願いをもって仲間と高め合う授業

　長良小学校では，3章で述べられているように，教科の本質に迫る「たくましさ漲る授業」を目指し，日々，その実践が進められている。ここで子どもたちの「たくましさ」は，「わかる・できるまで仲間と共に問い続け，自らの高まりを自覚する『主体的な自己』の姿」（大塚，2015，p.1）ととらえられている。各教科の授業は，こうした個の変容，すなわち一人一人が「自らの高まりの自覚」に至ることを目標に，「焦点的な課題設定」に始まり，子どもたちが仲間とともに「問い続ける追求」に取り組むものとなっている。そして，授業の終盤には，子どもたちが教科の本質に迫っていくために，「乗り越える場」が設定され，そのような高いレベルの問題解決に挑むことによって「新たな感じ方・考え方」を獲得することが目指されている。

　ジェームス・スティグラーたちは，前節で言及した，授業の日米比較研究の中で，教師が授業を構成するさい，その背後に，文化に根ざすがゆえに文化によって異なっている，何がしかの信念があることを明らかにしている。彼らによれば，日本の教師は，子どもたちが直面する「不満足や当惑は，授業の過程において自然なこととして起こる」と信じている（Stigler & Hiebert, 1998, p.3）。なぜなら，「一人一人がまずもって状況や問題と格闘しなければ，そもそもそれに続く情報を意味づけ

られないからである」(p.3)。これと対照的にアメリカの教師は，「ほとんどの生徒にとって課題が扱いやすいものになるよう細かに分割し，課題をやり遂げるのに必要なすべての情報を与え，たくさんの練習をさせなければならない」という信念をもっている (p.3)。

　長良小学校の教師たちは，こうした分類にしたがえば，明らかに前者のような授業づくりに関する文化的信念をもっている。そこでは，学習において矛盾や葛藤に直面し格闘するのは，決して能力や賢さが不十分だからとは考えられていない。むしろ逆に，そのような困難を乗り越えることの中にこそ，学習の場や機会やチャンスが生まれる，という価値づけがそこにはある。この逆説こそ，長良小学校の教師たちがとことんこだわる「たくましさ漲る授業」と，その中で具体的に発揮される，子どもたちの「乗り越える力」をもった「主体的な自己の姿」のよって立つところなのである。

　長良小学校におけるこのような授業づくりに密接に結びついている，きわめて独創的な教育活動が，2章3節や6章で述べられている「いぶき」（朝の会・帰りの会）である。「たくましさ漲る授業」や「子どもたちの生活」を束ね，つなぐ時間として，「意志あるめあて」をもった「生き方のサイクル」を動かすエンジンが，「いぶき」であるといえる。大塚弘士校長は，「いぶき」が，次のようにして，教科の授業実践を，子どもたちの「生き方」の教育に結びつけていくものであると位置づけている。「……『主体的な自己』の姿は，目的的に生きることができてこそ生まれるものです。一日の生活にめあてをもって意欲的に立ち向かう姿，一日の生活に充実感と自信をもてる姿が大切であり，『たくましさ』とは，『生活へと活かされる自己の生き方』であるととらえ，『いぶき』の実践を進めています」(大塚，2015，p.1)。

　ここでは，2015（平成27）年7月3日，6年福地浩太学級の「朝のいぶき」，理科授業，そして「帰りのいぶき」の記録からいくつかの場面のデータをピックアップし，「いぶき」と授業のつながりについて検討してみたい。以下でその一端を見るように，福地学級では，担任と子どもたちで決めた学級の「合言葉」，すなわち長良小学校のすべての学級でそれぞれ設定されている「求める学級像」として，「自分の願いをもって高め合う」（右の写

真を参照）を共通の生活のテーマにしながら，「いぶき」と授業を見事に結びつけ，その有機的なドッキングによって，毎日の「生き方のサイクル」が生み出されていた（学級の「合言葉」については，3章3節を参照）。

　一日の始まりである「朝のいぶき」は，2章3節で説明されているように，「学級独自の活動」→「めあてづくりのペア交流」→「めあてづくりの全体交流」→「教師の話」といった内容で進められる。たとえば，この日の福地学級では，「めあてづくりの全体交流」の中で，一人の児童が次のように一日のめあてを発表し，それに他の児童が応答するやりとりがあった。

（学級でソーラン節を踊った後，教室の床に輪になって座る）

教師　よーし，今日も一日，がんばる気持ちが伝わってきたよ。今日のめあてを教えてください。Aさん。

A　はい。今日僕は3時間目の理科で，今日の理科で僕は，日光とでんぷんの，前回半分だけ日を隠したやつとか，前回は，日光にあてたやつとかの実験ができませんでしたよね。《クラス：はい。》たぶん，今回は，その二つをやると思うんだけど，僕の予想ではたぶん，日光が半分あたっているやつは，たぶん半分にはでんぷんが多く含まれているけど，もう片方には前回みたいにほんの少しだけ，少しずつだけ残っていると思うし，日光があたっている方は，今日みたいな天気だとあんまり，でんぷんが含まれてはいるけど，そこまで多くはないと思うし，今回は前回出た，日光をあててないやつがなぜでんぷんがあるのかっていうことが，でんぷんが最後に取り入れたやつがまだ残っているのか，それとも日光を隠してもつくられているのかっていうことを，今日は調べられるようにしていきたいです。

教師　わかりました。具体的やね。どうぞ。Aさんのめあてに対してどう思いましたか。Bさん，どうぞ。

B　はい。Aさんは，前回できなかった実験を今日の理科で実験をやって《教師：うん。》，前回できなかったけど，明らかになっていない実験を今日やるときに《教師：うん。》，自分の予想っていうのをしっかりもってできているのがいいと思うから，僕も今は自分の予想をもっていないので，Aさんのように今日やる実験はどのような結果になるのかっていうのを，3時間目までに自分でも考えられるようにしていきたいと思いました。

教師　わかりました。ちゃんとAさんの中で学習がつながっとるね。今日明らかにしたいことをもっているのはとてもいいと思うよ。はい，もう一人，めあて

を教えてください。

　このように A さんは，「朝のいぶき」での「めあてづくり」を通して，一日の生活のうち特に理科授業に対して自らの課題を選び出し，自分自身の学習過程を立案し，目標に向かって「筋を立てる」（野村，1953, p.115）ことを行っていった。しかも，それは，これまでの実験や学習をふまえてその日の授業に道筋をつけるものだった。それを受け，仲間の B さんが「自分の予想っていうのをしっかりもってできているのがいいと思う」，そして教師が「ちゃんと A さんの中で学習がつながっとるね」というように，それぞれ A さんの「意志あるめあて」を共感的に価値づけている。野村芳兵衛は，「選ぶということは，主体的には，責任を持つということなのだから，やがて作るということにもなる」（野村，1958, p.36）と述べている。「めあてづくり」は，まさに，自分自身の学習と生活に対する選択と意思決定を自主的に行うことを通して，学習と生活に対する責任と権限を生じさせ，自らの学習と生活の「制作者」（つくり手）としての足場を子どもたちにもたせるものなのである。

　こうした一人一人の「めあてづくり」とともに，「朝のいぶき」では，学級全体の今日一日のめあてが「班長」から提案され，それについても「めあてづくりの全体交流」が行われる。学級全体の「めあてづくり」によって，協働で仲間づくりの生活をつくり出していくことが子どもたちに共有されるのである。この日は次のようなめあての提案が「班長」の B さんからあった。

　　B　今日は「反応」っていうのを今日一日で高めていきましょう。《**教師**：はい。**クラス**：はい。》わけは，今まで「反応」を見ていた中でも，けっこう，やっている人が少なかったり，あと今日の朝のいぶきでも感想を言うときにも，数人の人しかあげられていなかったので，今日はその挙手のときの「反応」や，話している人への「反応」などをしっかりとして，今日一日で高めていきましょう。《**クラス**：はい。》

　ここには，集団のレベル，すなわち仲間づくりのレベルで，子どもたちが互いに「反応を高めていく」ことをめあてに，学習活動のシステムを自主的に連帯してデザインしていく姿を見ることができる。こうした授業の自主的な協働デザイン，すなわち子どもたちによる「協働的な自己組織化（collaborative self-organization）」が可能なのは，長良小学校における授業実践が，「いぶき」とセットになり，そこ

で「めあてづくり」が行われることによって，授業における学習に対する主体性と責任と権限を，教師と子どもたちが互いに分かちもち，共有し，任せ合っているからだと考えられる。

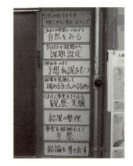

「朝のいぶき」の後，Aさんがめあてを立てた理科の授業は，「日光をあてないでおいた葉の中の養分はどうなっているか」を学習課題に行われた。福地先生の理科授業は，各時間，「課題→予想→方法→結果→考察→まとめ」といった問題解決のサイクルを子どもたちが実行していくものになっている（右の写真を参照）。次に示す授業記録は，「予想」の段階で，一人一人がノートに自分自身の予想を書く個人追求に取り組み，教師が机間指導，すなわち個別指導を行った後で，それぞれの予想を全体交流していった場面の一部についてのものである。

教師　これ（各自がノートに書いた予想のこと——引用者注）と今日の結果を見比べたときに，そう思っとったことが違ったか，本当にその通りやったか，わかってきたことをまた書こう。感想を。どう？　自分のもっている感覚のすべてを予想にぶつけないかんぞ。予想やもんで，自分でこう思ってるよっていうことを正直に書いておくと，今日，一時間たったときに，どんな驚きや発見があったかがはっきりするはずやで。はい，じゃあ，鉛筆置きましょう。さあ，葉の中の養分はどうなっていると思いますか。教えてください。

クラス　はい。

教師　よし，これが本当の「反応」やな。言えばね，みんなできるので，自分たちの授業を自分たちでスイッチ入れていきましょう。Cさん，どうぞ。

C　はい。僕はなくなっていると思うんですよ。《**クラス**：うん。》それで日光があたったものは，そのでんぷんは前は多く含まれていましたよね。《**クラス**：うん，うん。》その日光があたっていないものは，少しはあったんだけど，でも少なかったですよね。《**クラス**：うん，うん。》そのあたったものと比べたら，日光があたったものの方がでんぷんが多くて《**クラス**：うん。》，その日光があたっていないものは，この前は少なかったから《**クラス**：うん。》，それを比べてそのまま置いておくと，たぶん，あたっていないものの方が少なくなると思うので《**クラス**：うん，うん。》，だから僕はなくなっていると思います。

教師　わかりました。前の実験結果を根拠にしとるんやね。すばらしい。つながっ

てるね，ちゃんと，Cさんの中で。

クラス　同じです。

教師　同じ。立場が同じでも，根拠が違うならどんどん違いの方であげていって
ね。いっぱいここにみんなの考え出したいから。Aさん，どうぞ。

A　僕は残っていると思って。なぜなら，日光を浴びていないものでも少しはあ
りましたよね。《**クラス**：うん，うん。》

教師　あったね。

A　そのでんぷんを，葉には，たぶん，そのでんぷんを使って何かをするってい
うことはたぶんないと思うから。《**クラス**：うん，うん。》たぶん葉は日光から
でんぷんを集める役割だけを担っていると思うから，だから日光があたらなく
ても，その葉では，その養分，そのでんぷんを，その葉では使うことがないと
思うから《**クラス**：うん，うん。》，そのままそこに残っていると思います。

教師　なるほど。ちょっとわからんかったのは，残っているっていうのはわかっ
たよ，日光からでんぷんを集めるってどういうこと，空からでんぷんが降って
きとるっていうこと？

A　日光があたって，でんぷんをつくる。

教師　つくっとる。やけど，そこからなくなるっていうことはないってことやね。
なるほど。わかりました。どうぞ。二つ，意見出たよ。それとどう，みんな調
べて，同じ？　違う？　同じ？　違う？　Dさん。

D　はい。僕はCさんと相当同じ意見なんだけど。《**クラス**：うん。》僕はでんぷ
んはなくなると思って。理由は，前は日光をあてていた方がでんぷんがあって，
今回は日光をあてていないから，たぶん日光が何か関係していると思うので，
あてていないと，たぶんでんぷんはつくられないと思うから，もうほとんどな
くなっていると思います。

教師　なるほど。つくられない，使うからないっていうことでいいんだよね。こっ
ちの立場と一緒だよということだね。どうですか？

B　同じです。

教師　今日の課題は「反応」やったね。「反応」を続けてよ。Eさんどうぞ。

E　はい。僕もAさんたちと同じで……

教師　Aさんたちっていうの，Aさんは違う立場だったんだよ。

E　ああ。Aさんと同じで《**クラス**：うん。》，養分は残っていると思って。《**クラ
ス**：うん，うん。》なぜかというと，前，実験したとき，まだ少し，ああ，僕
はAさんと少し理由が違って，《**クラス**：うん。》たぶん他の，なんか，日光で

養分をつくる以外にも，《**クラス**：うん，うん。》やっぱり他のところからも養
分がきているところもあると思うので《**クラス**：うん，うん。》，だから養分は
たぶん残っていると思います。

教師　なるほど。日光だけが作用しとるんやなくて，他からも養分は葉っぱにき
ているはずだから，葉の中に養分があると。なるほどね。

B　わかりました。

教師　いろんな立場が出てきておもしろいね。

　野村が言うように，予想を立てるとは，「今までやってわかっていることや考え
てわかっていることを飛石にして，概観的に到達点とその道筋を描くことであって，
多分に直観的な働きが入っているものである」（野村，1953，pp.99-100）。福地先
生の理科授業でも，「自分のもっている感覚のすべてを予想にぶつけないかんぞ。
予想やもんで，自分でこう思ってるよっていうことを正直に書いておくと，今日，
一時間たったときに，どんな驚きや発見があったかがはっきりするはずやで」とい
う呼びかけの通り，予想を立てることの意味が強調されている。

　この抜粋にみられるクラスでの集団追求でも，こうした予想を立てることをめぐ
り，個々の異なった見解が自由に出し合われている。その意味で，それぞれの見方
や解釈をまずは互いに「聴き合う」こと，そしてそこから異なった考えを互いに尊
重し合うことが話し合いの基盤になっている。長良小学校では，すべての学年・学
級において，姓ではなく名に「さん」の敬称をつけ，教師が子どもを呼ぶとともに，
子どもたちも互いを呼び合っている。このことも相互の認め合いと尊重に関係して
いるだろう。また，長良小学校の授業では，子どもたちが発言する際，教室の前や
後，左右に移動し，クラスメートに向き合う位置に立って話すスタイルがとられて
いる。クラスメートも同時に，発言者の方に体を向け，発言を聴く姿勢になる。そ
して，こういった対面とともに，聴く側は，「うん，うん」とうなずき，発言が終
われば，「同じです」「つけたして」「つなげて」「違って」などのつぶやきをしなが
ら挙手したり，自らの発言の冒頭でそのような前の発言との関連を述べたりして，
発言者に対して反応するのである。この理科授業が行われた日の「朝のいぶき」で
「班長」のBさんが学級のめあてとして呼びかけた「反応」は，このようなことを
意味しているのである。福地先生も，この日，今日の課題として子どもたちが立て
た「反応」ということについて，各授業の中で，「よし，これが本当の『反応』やな」
「今日の課題は『反応』やったね。『反応』を続けてよ」というように，たびたび言
及し，子どもたちに呼びかけていた。また，「班長」のBさんは，先に引用した授

業記録にもみられるように，積極的な「反応」をクラスに示す役割を果たしていた。

　こうして福地学級の授業は，教師と子どもたちが互いに聴き合い，認め合い，尊重し合えるような関係を何よりも築こうとするものだった。それは，本章の1節でも言及した野村の言葉を借りれば，「守り合っておちつき，助け合ってたのしみ，教え合ってはげむ」（野村，1973, pp.127-128）ことを目標にした授業といえるだろう。そのような授業によってこそ，一人一人の子どもに，自分の考えを自由に発言する安心感を与えることができる。そこでは，福地先生の「いろんな立場が出てきておもしろいね」という発言にあるように，違いをもったそれぞれの考えが，互いに刺激し合うことによって，思考の筋道をともに吟味し，学習をともに高め合っていくチャンスがつくり出されるのである。そのためには，子どもたちの間に生じる違いを授業の障害と見るのではなく，すべての考えがもつ潜在的価値を認め意味づけることが必要である。また，このように子ども一人一人の発言が授業で十分に尊重され位置づけられることによって，社会的な活動システムとしての授業への子どもたちの参加が保障され，子どもたちの学級・学校への社会的所属感（sense of social belonging）が高められていくといえよう。こうした授業のあり方は，自己の社会的所属をめぐる日々の不安を子どもたちに解消させ，十全な安心感をもたせ，それによって学業達成に好ましい影響を与え続けることになるものと考えられる（Dweck, Walton, & Cohen, 2014）。

　福地学級における授業コミュニケーションは，先に引用した記録の抜粋に端的に表れているように，教師と子どもたち，そして子どもたちの間での応答的で共感的な相互関係にもとづく言葉の流れを協働で生み出すものになっているといえる。つまり，福地学級の授業は，下の写真の掲示物に示されているような，応答的・共感的・支持的な教室談話や，やりとりの型を「道具」とし，仲間と積極的にかかわり協働で学び合う「ルール」を築いていきながら，「仲間と高め合う授業」の活動システムをつくり出しているのである。こうした授業スタイルは，長良小学校のすべての学年・学級でみられるものであり，長良小学校の授業でつくり出されている学習活動システムの首尾一貫した特徴の一つになっている。

　福地先生の理科授業は，先に引用した記録の抜粋にあるような，予想の全体交流を行った後，「方法」の段階，すなわち「結果を見通して確かめる方法の計画」へと移っていった。そこでは，教師が「いろいろな立場が出てきたところで，今日はどんな方法で調べますか？　まず，

調べる対象については，どんな葉っぱを調べたいですか？」，「どんな方法で葉っぱの中のでんぷんを調べたいですか？」と問いかけ，子どもたちに，「日光をあてていない葉っぱ」を「たたき染め法」で調べるという計画を立てさせていった。2016（平成28）年2月18日に行ったインタビューの中で，理科学習における子どもたちの高まりについて尋ねた私に福地先生が語ったのは，理科授業において「問題解決の能力を育てるという目標にのっとって指導している」ので，授業では，「じゃ

あ，このことを調べるには，何を使いますか？」「どんな方法で調べますか？」といった問いかけによって，観察・実験方法の計画を子どもたちが自主的に考えられるようにしている，ということだった。そのような問いかけは，もちろん，「自由にできるの？」「何でも使っていいの？」というような子どもたちの驚きや不安を生じさせる。しかし，そのような動揺に対して，教師が「こういう道具があるよ」「こっちよりもこっちの方が，精度が高そうだね，この実験しようか」と励ますことによって，

子どもたちが自分たちで計画し，実験し，検証していくような能動的な理科学習と「自分たちの力で学び，観察・実験ができたという喜び」，そしてさらには「思考し，わかる楽しみ」が生み出されると福地先生は考えるのである。福地先生のこうした働きかけは，2節で見た杉野先生の授業と同じように，学習活動をつくり出す主体性や責任や権限を子どもたちに委ね，子どもたちの自主性（自

分づくり）と連帯性（仲間づくり）を促すものといえるだろう。

「方法」を計画した後，授業では，右の写真にあるように，校庭の畑に行き，グループごと，アルミホイルで覆って日光をあてなかったジャガイモの葉を取ってきて，たたき染め法によりでんぷんを検出することが行われた。

こうした授業展開において，子どもたちは「自らの高まりの自覚」にどのようにして至ることが

できるのだろうか。その点をめぐって私が質問したインタビューの中で，福地先生は次のように語っている。

　　そういう高まりをつくり出すように，こっちも「これしましょう」とか「あれしましょう」とかじゃなくて，「で，どうしたいの？」と，よく，僕，机間指導の中で声かけるのは「どう？」というぐらいしか，たぶんかけないと思うんですよね。「これしましょう，あれしましょう」という感じじゃなくて，「どうなった？」とか「どんな感じ？」とか「違うの？」とか，そんな，自分らでやっていることに，ちょっと教えてよ，みたいなスタンスで入り込む感じで，「ちょっとここ，こうしなあかんやん」とかいうのは，あんまりなくて，ただ，テクニックのところは身につけなあかんもんで，「こうするとうまくできるよ」というのはいうんですけど，「それで，どんなことがわかったの？」って，ずっと聞き続けるだけなので，子どもたち的には，抵抗は大きいと思うんですけど，考えなきゃいけないので，考え続けなきゃいけないので，やっぱりその後の高まりの自覚というところでいくと，自分たちで獲得したという感覚が大きいんじゃないかなあとは思いますね。（インタビュー，2016 年 2 月 18 日）

　この抜粋にある語りと関連して福地先生は，同じインタビューの中で，自身の理科授業が，「問題解決型の学習」の「型」（たとえば，「課題→予想→方法→結果→考察→まとめ」の段階）を，まさに型通りに子どもに行わせるものではないことを，次のように強調している。

　　……次は「予想」だよとか，次は「考察」だよということを言うのは，こっちからそれをやりなさいと言っているだけですから，自分でそういう思考ができるように育てなきゃいけないので，自分で「考察」とか考えられるようにするためには，この「予想」と合っているかどうかを確かめてみましょうと発問すれば，何のために「結果」を出しているのかわかっているわけですから，「予想」が合っていたかどうかの「考察」に，必然的に入っていくことになってきますよね。（インタビュー，2016 年 2 月 18 日）

　福地先生の理科授業は，「自分でそういう思考ができるように育てなきゃいけない」という言葉にあるように，自分で問題を解決するような経験を子どもたちに生じさせることによって，理科教育の中で科学的な問題解決能力を育てようとするも

のである。つまり，授業の活動システムにおいて，子どもたちを科学的な問題解決の「主体」として信頼し尊重することがなされているのである。

　このような問題解決を通して一人一人が課題の難しさを乗り越え，新たな感じ方・考え方へと高まっていくような変容は，「帰りのいぶき」の時間に，子どもたち自らによって振り返られ，ペア交流や全体交流を通して相互に価値づけられることになる。つまり，「帰りのいぶき」において，その日の朝に立てた一日のめあてを土台に，「一日の生活に充実感と自信をもてる姿」が生まれ，毎日の「生活へと活かされる自己の生き方」が学級の仲間づくりの中で模索されるのである。一日の締めくくりである「帰りのいぶき」は，2章3節で説明されているように，「仲間のよいことみつけ」→「めあてを振り返るペア交流」→「めあてを振り返る全体交流」→「教師の話」→「学級独自の活動」といった内容で進行する。たとえば，次に取り上げるのは，「めあてを振り返る全体交流」の中で，これまで見てきた福地学級の理科授業に対するめあてをこの日の「朝のいぶき」で発表した児童（先に引用したAさん）が行った振り返りと，それに応答した他の児童の発言である。

　A　3間目の理科で《**クラス**：うん。》，今日の理科では日光にちょっとしかあたってないやつを，実験しましたよね。《**クラス**：はい。》そのとき，僕の班では二枚ともでんぷんは，青紫色にならなくて，でんぷんが残っていなかったんですよ。《**クラス**：はい。》他の班でも残っていませんでしたよね。《**クラス**：うん。》そのことから，半分しか日にあたっていないのは，でんぷんはないということがわかりましたよね。《**クラス**：うん。》先生の投げかけから，それで一度，でんぷんがなくなった葉は，また日光にあたったらでんぷんがつくられるかっていうのを，次，調べることになりましたね。《**クラス**：うん，うん，うん。》僕はそのときでも，たぶん僕の予想ではつくられると思うけど，つくられるときに，もしかしたらもともとつくられる量と，少し，なんか，でんぷんの反応に違いとかが出てくると思うから《**クラス**：うん，うん，うん。》，次はそのでんぷんの出ている反応の位置とかからも見られるようにしていきたいです。

　教師　わかりました。Aさんの一日に対してどういう感想をもちましたか。《**B**：わかりました。》まさに「反応」が上がっとるね。一日の課題，「反応」をここで発揮していくよ。それではFさん。

　F　はい。僕はAさんの次の理科の歩みっていうか《**教師**：うん，うん，うん。》，また次にもやっていこうというところで《**教師**：うん。**クラス**：うん，うん。》，今日また，アルミホイルをはがして《**クラス**：うん。》，次の実験の準備をしま

　したよね。《**教師**：うん。**クラス**：うん，うん。》そこで，Ａさんは，次は，部
　分的に色が変わったり，また前の時間とつなげて，細かいところの違いまで見
　つけようとしていたので《**クラス**：うん，うん，うん。》，僕の予想では，また
　できると思うんですよ《**教師**：うん。**クラス**：うん，うん。》，だからＡさんの
　ように細かい，日光が直接，日光がいつもあたっているやつと比べたり，今日，
　実験した日光をまったく浴びてないやつとも比べながら，結果を出せるように
　していきたいです。

教師　わかりました。しっかり自分の課題を解決して（Ａさんの肩に手を置きな
　がら）一日を終える日があるのは，すばらしいと思います。

　学習活動を自らが振り返る場としての「帰りのいぶき」において，福地先生の「しっ
かり自分の課題を解決して一日を終える日があるのは，すばらしい」という発言に
あるように，Ａさんのこの日における学習が，「自己実現」の経験として確かめられ，
「自己の価値」を見つける機会とされている。そのＡさんの経験は，後続するＦさ
んの「反応」によって，課題を発見し，解決への計画を立てるという「自己決定力」
を発揮するものとして認められ，評価されている。つまり，Ｆさんが述べる「Ａさ
んの次の理科の歩み」という言葉に明確かつ印象的に表れているように，Ａさんと
Ｆさんの二人は，このやりとりにおいて，「でんぷんのでき方」に関する実験学習
の「歩み」を共有し，それを「自己コントロール」するような，無言の協働ともい
える対話をここで即座に生み出しているのである。それは，自分たちの学習活動を
自分たちでデザインしていくものにほかならない。

　１節で引用したように野村は，子どもたちの学習指導が満たさなければならない
五つの条件を，「子どもの足場で」「めざさせて」「道をみつけさせて」「歩ませて」「一
歩前進させる」こととしていた。福地学級の子どもたちは，毎日，授業の中で，ま
さにそれぞれの足場に立ち，そこからめあてを目指し，道を見つけて歩み，一歩一
歩前進していく生活を，協働を通して自分たちの手でつくり出していた。このよう
に学習に対する選択と主体性と責任を，仲間づくりの中で分かち合い，任せ合って
いるからこそ，一人一人に権限があり，一人一人が制作者となって，自己実現の経
験と喜び，自分の価値を見つけていく自分づくりの道を歩むことができるのである。
そこでは，教師と子どもたちの関係が，次頁の図5-2の左から右へと転換してい
ると考えることができる。

　福地学級におけるこのような転換では，図5-2の左にあるような，教師が子ども
たちに「監督者」のように直接，個人的に命令して，トップダウンに教えるといっ

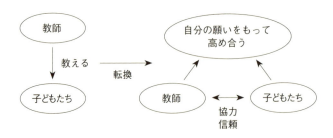

図5-2　教師と子どもたちの関係の転換

た一方的な関係が，図の右側に示したようなものへ組みかえられている。つまり，学級の「合言葉」である「自分の願いをもって高め合う」が共通の対象となって，そうしたいわば「よりよい生き方への憧れ」に向かって，教師と子どもたちがそれぞれの足場からボトムアップに協力・信頼し合って歩んでいく，という関係への転換である。そうした関係が教室に成立していることは，授業中に教師が子どもたちに差し出す評価的な言葉が，すぐれて「共鳴」のトーンを響かせるものであることに如実に表れている。そこでの教師の「評価」は，「賞罰」ではなく，野村が次のようにいう「共鳴」となっているのである。「……指導が訓練であるならば，賞罰としての評価が必要であろうが，指導が交友である場合には，評価は完全に共鳴である」[1]（野村，1929，p.32）。

　長良小学校の授業は，こうして，活動システムという点から見るならば，「朝のいぶき・帰りのいぶき」を学習活動の強力な「道具」としながら，「生きていく姿勢」（野村，1950，p.42）をともに育むという共通の「対象」に向かって一緒に歩んでいく，仲間づくりの生活を築いていくところに最大の特徴の一つがある。ここで教師と子どもたちに共有されているのは，「人間として生きる信念を育てる」（野村，1973，p.243）という教育の本質的な価値である。

　以上，杉野学級と福地学級を通して見てきた長良小学校の授業実践について，その優れた特質を1節で提示した活動システムの観点からまとめるならば，そこには，表5-1のような七つの構成要素のあり方を見いだすことができるだろう。

　もちろん，こうした構成要素は，それぞれが独立してあるのではない。それらは，深く結びついてつながり合い，相互に連関して一貫性のある活動システムを構築しているのである。また，実際の生きた活動システムは最初からあるものではなく，

1　引用にあたり，旧字体は新字体に，旧仮名遣いは新仮名遣いにあらためた。

表5-1　活動システムの観点から見た長良小学校の授業実践

主体	問題解決者としての子ども 協力者としての教師
道具	「朝のいぶき」と「帰りのいぶき」 自主的で個性的な思考と表現を信頼し尊重し励ます手立て 応答的・共感的・支持的な教室談話（言葉のやりとり）
対象	困難な課題の乗り越えと自らの高まりの自覚
ルール	仲間づくりの「しくみ」
コミュニティ	共通課題をともに学び合い，自分の願いをもって高め合う仲間
分業	教師と子どもたちの相互交渉による授業の共同運営

成果	よりよく生きようとするかけがえのない姿勢

それに取り組む人々がともに生み出していくものである。この意味で，長良小学校における授業実践は，仲間づくりという「人間らしいくらしの態度」を目指し，自発的で個性的な学習を通した自分づくりの活動システムを教師と子どもたちが協働して自分たちでつくり出していくような，毎日の生活づくりであると言いうるものなのである。

6章

「いぶき」活動と授業における学級づくり
言葉かけによる「自立する力」の育成

冨澤美千子

　多くの学校において，教育目標は象徴的な言葉であり，生きて毎日使われるような言葉ではないように思われる。長良小学校の教育目標は「郷土を愛し人間性豊かに生きぬくたくましい子」であるが，この学校においては，「たくましい」という言葉が現実の日々の生活を導く言葉としてよく使われている。そして，さらに長良小学校では，学級ごとに，子どもの姿・学級像を描く学級の合言葉がある。たとえば 2015（平成 27）年度の 6 年 2 組は，「自分の願いをもって高め合う」である。6年 2 組の担任である福地浩太先生は，「たくましい」や「願い」や「高め合う」という言葉かけを日常的に行い，指導している。長良小学校においては，このような独特な言葉かけによって一日の生活が営まれている。

　2 章で説明されているように，長良小学校の一日は「いぶき」活動で始まる。「いぶき」は，授業へ向かう子どもたちの姿勢を高めるものになっているのであろうか。その日々の繰り返しが，学級づくりにどのように作用しているのだろうか。また，一人一人の子どもの「自立する力」を育成する学級づくりにどのようにつながっているのだろうか。教師から子どもたちに発される言葉かけに着目し，2015（平成27）年度の 6 年 2 組福地学級を事例に学級づくりについて考察していきたい。

▌1節　長良小学校の福地学級における一日の始まりについて
──「朝のいぶき」の活動

　長良小学校の朝は，朝活動として朝マラソンや英語活動をした後，「朝のいぶき」で始まる。毎朝行う「朝のいぶき」は，子ども一人一人が，自らの，その日のめあてを明らかにし，それを達成する姿勢をつくる朝の会である。まず，子どもがペアになり，友だちに今日の自分の目標を話し，友だちの今日の目標を聞く。そして，

その後クラス全体で次のように共有するのである。

A　今日は理科で，魚がどのように養分を取り入れるか調べますよね。水槽にえさをあげて，それを食べて，しばらく経ってから糞をします。その間に，身体の中で養分を吸収したり消化したりすると思うから，今日は人間と比べて，魚の養分の取り入れ方を調べていきたいと思います。

福地先生　なるほど。人間と比べてですね。Aさんのよいところや，アドバイスがあったら教えてください。

B　今日は僕も理科でがんばります。もっと前の授業では，人が他の生き物と，呼吸の仕方が違うことを学びました。魚と人間とでは呼吸の仕方が違っていた。僕は人と比べて，魚の養分の取り入れ方というのもまた違ってくると思います。だからAさんと同じように，人と比べて考えてみるということをしたいです。

福地先生　もっと前の学習につないでいくんだね。（中略）今日はみんなの，ここまでわかるようにしたいよという思いをもって，最後までやってくれたらいいと思います。（2015年10月24日，6年2組「朝のいぶき」）

このように，朝のいぶきでは，どの授業でどのようなことを目標に取り組むのか，一人一人明確に説明をする。そして，それを前の発表者の意見と比較し，練り上げる作業をする。福地先生は「最後までやる」という言葉で，今日の子どもたちを励ましている。また，その後，クラスの目標をその日の班長が発表する。次のようなやりとりが続く。

班長　今日は研究発表会なので，すれ違った人には必ずあいさつをしましょう。

全員　はい。

C　授業が終わったら，廊下で必ずあいさつをします。

福地先生　必ずあいさつをするね。

D　私も自分からあいさつをします。

福地先生　自分からあいさつをするとは，Dさんらしいね。（中略）ぜひ帰りには，これだけあいさつできたよと，宝物をもって集まれたらいいと思います。（2015年10月24日，6年2組「朝のいぶき」）

ここでは，福地先生は「必ず」，「自分から」という言葉を使う。そして，「あいさつできた」という「宝物を持って」帰りの会に集まろうと促す。そして，「朝の

いぶき」の最後は，先生から「前日の姿」についての話がある。

> **福地先生**　今日は，Ｓさんの国語の姿です。みんなにはどのように映りましたか。Ｓさんは，宮沢賢治の生き方をつないで，この物語がどうやって書かれたかということを，本当に一生懸命追究しました。一生懸命というのは，真剣にということだけでなく，楽しんでいる感じです。Ｓさんはノートに，わかったこと，気になったことをどんどん書いています。2ページびっしり追求ができています。自分のめあてに向かって，一生懸命課題追求する中に，さらに絶対に自分がやりきるという思いのＳさんだから，こんなにノートが書けるし，生き生きと追求する姿が伝わってくるんですね。昨日，皆，難しいといっていたところですが，それでもそこを乗り越えようとするＳさんの姿に，先生は，長良っ子らしいなと思いました。今日，皆が，がんばると決めたことで悩むことがあるかもしれませんが，そこでも，自分で，とことん追求して，わかるまで，わかったよ，できたよと自分で言えるところまで，あきらめずにがんばってほしいと思います。(2015年10月24日，6年2組「朝のいぶき」)

　福地先生は，前日にがんばった子どもの姿を学級に紹介することによって，今日の子どもたちを励ます。そこに発せられるのは，「姿」，「楽しんで」，「どんどん」，「めあてに向かって」，「追究」，「やりきる」，「生き生き」，「乗り越える」，「長良っ子」，「とことん」，「あきらめない」というような言葉である。このようにして福地学級の朝が始まる。

　長良小学校において「朝のいぶき」は，毎朝8時25分から8時45分までの，わずか20分間であるが，このようなやりとりが行われる時間なのである。学級によっては，朝からみんなで歌を歌ったり，大縄跳びをしたり，学級独自の時間を過ごすが，どの学級もやはりこのように，各自のめあてや学級生活のめあてについて，教師や子どもたちの問答で練り上げる作業をする。そして，8時45分から1時間目が始まるのである。

2節　長良小学校の福地学級における生活としての授業について　　　　　　──理科の授業を例にして

　長良小学校には予鈴がない。授業時間は決まっているので，その時間の前に子どもたちは席につき，授業の準備をする。この日は，福地先生が専門に研究している

理科の授業があった。理科の授業は理科室で行われるので，授業時間が始まる前に子どもたちはすでに，理科室へ集まっていた。

　この日の授業は全11時間の「しくみ発見〜生きるための身体の中のひみつ〜」という単元の中の，5時間目から7時間目にあたる「養分を取り入れるしくみ」の最後の時間である7時間目の「オオクチバスが食べ物を取り入れるしくみはどうなっているのだろうか」という課題で行われた。学習指導案の本時のねらいには「魚の消化管の内容物を連続的に観察することを通して，魚もひと続きの長い消化管をもっていて，食べた物は消化管を通る間にだんだんと消化され，養分が吸収されると考えることができる」とある。授業は，オオクチバスが捕食する映像から始まった。オオクチバスが，水中をひらひらと落ちてきた食べものを俊敏に口に入れるたびに，画面の前に集まった子どもたちから歓声が上がった。子どもたちは映像や，教卓で扱っている物がよく見えないとき，積極的に前に出て来る。授業に積極的だからこそ動くのである。この日も映像が流れ始めると，たくさんの子どもたちが集まってきて，画面の前の床に座り込み，そして画面を食い入るように観て，大きなため息をついたり，歓声を上げたりした。授業開始5分ですっかり集中している様子だった。

　さて，授業の方は，口から入った食べ物が，ひと続きの消化管を通るときの変化を調べるために，実験を行うという展開になる。四人一組のグループで，胃から肛門にかけて，三か所で内容物を取り出し比較する。明らかに，胃では形があったものが，形状がどろどろに変化し，色も黒々と変化している。(写真左)

　長良小学校の授業は，「乗り越える場」と「自らの高まりの自覚」がどこにあるかということが，授業計画においてすでに設定されている。そして，本時における「乗り越える場」は，「変化する観察物を通して，消化管の働きを推論する」ことであり，「自らの高まりの自覚」は，「魚と人の共通性に気づき，生きていくためのしくみをとらえて説明する子どもの姿を価値づけること」で促すと考えられていた。授業を参観していると，授業後半は「乗り越える場」へどんどん引き込まれていく。友だちの発表を聞く中で促され，「自らの高まりの自覚」を感じる。「乗り越える場」や「自らの高まりの自覚」という言葉は，実に長良小学校らしい切り口の表現である。このように友だちや教師との問答を通して，観察したことがしっかり練り上げられていく。

　また，授業の最後には，先生のサプライズで，
豚の消化管の披露があった。先生の声かけで，子
どもたち五人は教室の前から後ろへ，豚の消化管
を伸ばした。そして先生は息を吹き込んだ。する
と先生の息が，教室の後ろから前へ，長い管を一
気に膨らましたのである。教室には大歓声があがっ
た。福地先生は「私たち人間の消化管に最も近く

て見せられるものを持ってきたよ」と言って披露したが，その衝撃的な長さに，生
物の不思議さを感じずにいられなかったのは，私だけではないだろう。このような
演出は，生物がおもしろいと感じる世界へ，自然に子どもたちを誘うものであると
確信した。（写真右上）

3節　長良小学校の福地学級における一日の終わりについて
　　　――「帰りのいぶき」の活動

　長良小学校は，「帰りのいぶき」という時間がある。5時間授業のときは14時
40分から15時00分，6時間授業では15時35分から15時55分の20分間である。
「帰りのいぶき」は，学習や生活を振り返り各々の個の高まりを認め，自覚し，新
たな課題を明らかにして，明日への希望や意欲を高める時間である。
　福地学級では，まず仲間のよさをカードに書いた。その日がんばっていると思っ
た仲間の名前とその内容を記入する。これは長良小学校全体で行われているが，こ
のように，毎日がんばっていた仲間のよさを具体的に書くことにより，仲間を大切
にする思いを価値づけていく。そしてその後，その朝，めあてを語った子どもが振
り返りを語り，その子どもとペア交流した子どもが，その子どもがめあてに対して，
どのように励んだのか次のように評価する。

　A　今日ぼくは理科で，魚と人を比べると言いましたよね。魚が養分を取り入れ
　　　る取り入れ方と人間の取り入れ方は似てましたよね。魚も胃で消化して，腸で
　　　養分を吸収するということがわかったので，他の動物でも，どんな臓器があっ
　　　て，どういう役割をもっているか調べようと思いました。
　福地先生　他の動物はどうなんだろうという興味がわいてきたんだね。
　Aのペア　Aさんは，自分から魚のからだを開いて，つくりについて，一生懸命
　　　調べてました。

福地先生　なるほど，そうやって自分の手で調べたからわかったんだね。

B　僕が朝言ったのは，魚と人の呼吸が違うように，養分の取り入れ方も違うのではないかということを，魚と人を比べましたが，違いというところではあまり見つけられませんでした。同じというところでは胃と腸があるということですが，大きさの違いしか見つけられなかったので，もう少し調べてみようと思います。

福地先生　なるほど，まだまだ調べるということだね。

Bのペア　Bさんは解剖しながら人間と比べてました。

福地先生　どこからBさんが比べてるってわかったの。

Bのペア　つぶやきです。

福地先生　なるほど，お互いに向き合って学びを深めたんだね。（2015年10月24日，6年2組「帰りのいぶき」）

このように，終わりのいぶきでは，朝のペアが，お互いにどのように取り組んでいたのかを評価する。これにより，お互いがお互いのめあてについて自然に意識して，一日の生活がなされている。また，班長がめあてにしたことについても振り返りがある。

班長　今日はあいさつをしようという目標でしたが，Eさんは，お客さんが来たら一回一回席を立ってあいさつしていたのがよいと思いました。皆さん，自分でできたことを発表してください。

福地先生　帰りに自分の宝物ができたね。すてきだね。

F　理科室からの帰り道，すれ違う人に必ずあいさつするようにしました。

福地先生　最後まで意識が続いとったね。

G　今日は長良っ子の意識をもって過ごしました。すれ違う人全員にはあいさつしきれなかったけど，次はすべての人にあいさつします。

福地先生　長良っ子の意識をもって一日過ごせてすばらしいね。（2015年10月24日，6年2組「帰りのいぶき」）

このように，福地先生は「帰りに宝物ができた」こと，「意識が続いた」こと，そして「長良っ子」らしいことである，と子どもたちを褒める。そして先生の話がある。

福地先生　今日は精一杯授業ができたと思います。自分の中で，よかったな，がんばったな，楽しかったなという，いろいろな思いがあると思います。今日先生が見ていて，本当にどの子も一生懸命追究していて，先生が「やめっ！」と言うまで，とことんやり続けていたと思うんだけど，中でも心に残ったのは，Kさんの姿です。Kさんは，授業の最初に予想で，魚は人と同じように養分を取り入れると予想しました。最後に先生がまとめを聞きにいったら，やはり同じようだったと言っていて，皆の前でも堂々と発表してくれました。皆と，言ってることは同じかもしれないけれど，でも何が違うのといえば，しっかりそこには証拠がありました。（中略）そうやって自分がこれを調べたよ，これを解決したよ，ということが，証拠つきで持ち帰れる姿がとってもすてきだと思います。皆もそういう一日を送ろうと努力している姿は本当にすばらしいことだと思います。まだ一年間は半分あります。卒業まで一日一日を，証拠つきでがんばったと言える2組の授業をつくっていきましょう。（2015年10月24日，6年2組「帰りのいぶき」）

このように福地先生は，「精一杯」，「一生懸命」，「追究」，「とことん」，「やり続ける」，「証拠がある」，「姿」という言葉で表現し，褒め励ます。そしてその後，子どもたちは，全員が黒板の前に立ち，終わりの歌を歌い始めた。どの学年もどのクラスも，歌ったり，踊ったり，大縄跳びをしたりして，一日の終わりの時間を過ごしているので，帰りのいぶきの時間は学校中が大音量になる。しかしどのクラスも，クラスの中で大きな声があふれているので，子どもたちはクラスの中で行っていることに集中して，他の音は一向に気にならないようである。福地学級も同じである。三部合唱の歌を皆，大きな声で歌う。こうして，福地学級の今日が終わるのである。

福地先生は，『みどり会誌―みどり会八十周年記念―』（岐阜市立長良小学校みどり会，2014）の中で，「たくましさ」について書いている。ある児童の探究心に触れ，「強い探究心をもち，確かな事実を足場として問題解決に向かって，とことん考え続け，生命の巧みさや神秘さを実感する」，その姿こそ「たくましい姿であるととらえている」（p.103）と述べている。そして「長良小学校の理科部員としての誇りと使命感をもち，自己課題に貪欲に立ち向かい，私自身が変化し，成長し，教師として生きている証拠を残せるように，自分を磨いていきたい。そして，これからの社会を生きぬくための『たくましさ』を求め続けていきたい」（p.103）と締めくくる。福地先生は，長良小学校の教育目標である「たくましさ」を日々意識し，自分自身も「生きている証拠を残せるように」探究し続けているのである。私は，

福地先生の姿勢がすべて，学級の中で使われる言葉に表れているということを，この文章を読んだときに，深く納得できたのである。

▎4節 「自立する力」の育成 ──「芳兵衞イズム」の思想

　野村芳兵衞が長良小学校校長であった1946（昭和21）年から1953（昭和28年）の間，長良小学校で若手教師として務めていた七人の元教師たちへ，2014（平成26）年7月に筆者が行ったインタビューに，「子ども」という言葉についての語りがある。それによると，「芳兵衞さんが戦後『子ども』という言葉を何にでも使った」というのである。そして，それまで「何々小学校自治会」というような名前であったものが，「子ども会」になり，「子ども図書館」，「子ども劇場」，「子ども音楽会」など，いろいろなことに「子ども」という頭をつけたりするようになったという。そして，それが県下にも広がり全国的にもそういうことが多くなったというのである。2004（平成16）年に発行された『みどり会誌──みどり会七十周年記念──』の中でも，「芳兵衞イズム」である「子どもの文化を子どもの手で生産させるという念願」から，「子ども図書館・子ども放送局・子ども市場・子ども美術館・子ども新聞・子ども館と共に子ども劇場が創設された」（岐阜市立長良小学校みどり会，2004，p.6）とある。そして，学校としての教育目標には，「子どもの側に立つ教育」という言葉が生まれたというのである。野村芳兵衞の，子どもを中心に考えて子どもの目でものを見ていく姿勢が，非常に大きな影響を及ぼしているだろうと，七人の元教師たちは述べている。

　ところが実際は，長良小学校の教育を表した「子どもの側に立つ教育」という言葉は，野村の言葉ではない。この言葉は1958（昭和33）年の学習指導要領改訂に伴い，長良小学校はいかにあるべきか，連日職員会議で議論された結果，太田武夫校長時代（1957〜1963年）に学校の教育を標榜する言葉として掲げられた。野村が校長であった当時の若手教師たちは，野村の影響であると述べているが，野村の言葉ではないのである。しかし元教師たちは，「子どもの側に立つ教育」という言葉は，最も「芳兵衞イズム」を具現化した言葉であると語る。そしてこの言葉は，現在の長良小学校においても，「学校の教育目標具現の全体構想」の中で「長良小学校の教育」を表す言葉として，今なお，使われている言葉である。「いぶき」は，そのような言葉のもとに，「ひらがな活動」として存在するのである。

　「ひらがな活動」は，野村が校長であった時代に教頭であった，吉岡勲校長の時代（1967〜1970年）に始まった。吉岡は，野村が「長良プラン」を進めていた

時代，最も慎重派であったといわれている。元教師たちへのインタビューの中でも，吉岡は野村の「長良プラン」に批判的であったということが語られている。また，『みどり会誌—岐阜市立長良小学校付属五十周年記念—』（岐阜市立長良小学校みどり会，1984）において，吉岡自身も，「私は，野村先生のやり方に，割り合い批判的だった方ですけども」（p.54）と語っている。しかし野村は，吉岡が「ひらがな活動」を始めたことについて，「吉岡先生によって，私の気持ちは，生かしてもらえたような気がします」（p.53）と述べている。

　その吉岡による「ひらがな活動」は，学校の教育目標である「健康」「創造」「仲よし」の具現の場として，「健康」は「あおぞら」，「創造」は「いずみ」，「仲よし」は「みずのわ」と考えられた。そしてそれが，横山克己校長時代（1973 〜 1976 年），教育目標に「自主」を加えることになり，「自主」の具現として「いぶき」が始まったのである。高橋彰太郎校長時代(1985〜1989年)，教務主任であり後に教頭となった下野和夫は，とりわけ，その当時教頭であった若原正武が，この「いぶき」活動に「強い思いを持って」取り組んでいたと述べている。そして，最初は「夏休みになるとたいがい『一人一研究』の課題を課すことが多い」ので，「一人一人の児童に研究テーマをもたせ，一年間課題を追究させ，ミニ博士を育てよう」という案であった。しかし，「この案は指導が難しい」ということになり，それが現在の朝の会，帰りの会で追究される形として整ってきたのは，高橋が校長の時代である（岐阜市立長良小学校みどり会，2014，p.74）。長良小学校が1934（昭和9）年岐阜師範学校代用附属小学校となってから55周年を記念してまとめられた『逞しく生きる—長良小の教育—』（岐阜市立長良小学校，1990）にも，「自分の生活時間を有効に活用していく主体的な態度を身に付け，習慣にまで高めていくという，自分づくりの場が必要なのではないか」（p.6）ということで生み出された時間であると説明されている。そして，当時教職員は「いぶき」について，「自主」を育む時間としてどのように活用したらよいかを研究する「いぶき全校研究会」を行い，「いもこぜにさせられながら定着していった」（岐阜市立長良小学校みどり会，2014，p.75）と述べられている。

　「いぶき全校研究会」は，現在の長良小学校においても，今なお行われている。長良小学校では現在も，「めあてと学習と生活の場の関わり」，「学校生活と家庭生活の関わり」，「20分の運営」について，「いぶき」という時間を見つめた全校研究会が行われているのである（岐阜市立長良小学校みどり会，2014，p.75）。

　また，このような毎日の営みの繰り返しの中で，学級の「仲間作り」が行われている。野村は自分の教育について，「最も重要な教育内容こそ仲間作りであり，そ

の仲間作りの焦点こそ相互の人格尊重による協力にあると考えた」（野村，1973，p.106）として，自らの生活教育実践の中心に「仲間作り」を置いている。「仲間作り」は，子どもたち相互だけでなく，子どもと教師においても必要であるのだ。そして野村は，「私は，先ず足元から，仲間作りを始める。わかり合って，助け合ったり，教え合ったりすることが第一歩だ。それから，お互いに物の分配や機会の均等を約束し合い，これを守り合っておちつくのが，私の仲間作りだ」（p.138）と述べている。このように，「仲間作り」は仲よしづくりではなく，「結びついた力で，大きい政治に参加していく」ことであり，つまり，学校づくりに向かうための「協議や抗議という形で，その限界が決められていく」ものであり，協議や抗議によって学校を運営していく仲間をつくることなのである（p.138）。福地学級では，仲間に安心して，仲間の中で落ち着いて，仲間と話し合うべき本質を見つめて意見を交わしている。その様をみると，野村の言う「仲間作り」の神髄が，今なお受け継がれ，生きていることが感じられる。

　一人一人の子どもの「自立する力」を育成する学級づくりは，子どもたちが「仲間」に認められ，落ち着いて，自分自身を見つめる環境になるように，教師の言葉かけで促し励ますことが重要である。福地学級の一日は，「朝のいぶき」と「帰りのいぶき」が呼応し，授業や生活を高める効果を発揮している。もちろん「朝活動」で行うマラソンや縄跳び，「いぶき」で行う歌やダンスや大縄跳びなど，クラス皆で体験することが一体感や団結力やムードをつくり，一人一人の子どもの生活や学習を支援することにつながっているが，福地先生の子どもを促し励ます言葉かけは，子どもたちの取り組む姿勢に大きな影響を与えている。福地先生が，自分自身の一日一日を大切に，自ら学び，磨かなければ，このような姿勢を獲得することはできなかったであろう。そしてこのような学級づくりは，長良の歴史を背負いながらも，自分らしい，教師としての仕事を全うしている証である。

　長良小学校は，一人一人の子どもが「自立する力」を落ち着いて追求できる場になっているということを，私は福地学級を通して確信したのである。

7章

「みずのわ」活動における学校づくり
異学年混合の児童会活動による「政治する力」の育成

冨澤美千子

　岐阜市立長良小学校には，4章で述べられている通り，「ひらがな活動」があり，その中でも「みずのわ」は学校全体の活動となっている。「みずのわ」は，子どもたちが，自分の力で自分のくらしを見つめ，高め，よりよい生活をつくろうとする願いを達成するための課題を全校に投げ，働きかけたり，働きかけられたりする「仲よし活動」である。そしてそれは，学校教育目標にある「連帯性」を育む手立ての一つであり，6年生から全校に向けた活動になっている。つまり，「みずのわ」は，単に上級生が下級生を世話するといった活動を超えたものとして考えられている。

　私たちは，異学年混合で行う特別活動として，集団下校班，ペア遠足，4年生以上のクラブ活動，5年生以上の委員会活動などを通常思い浮かべるわけであるが，私の知る限り従来からあるそれらは，教師の指示に従ってやらなければならない，上級生に課せられた仕事の一つといったものになってしまっている。しかし，長良小学校の「みずのわ」では，6年生が，まず学校全体でよりよい生活をつくろうとする願いを自分たち自身でもつことから始まる。そこでは，6年生が，どんな願いをもてるのかを自分たちで最初に考えるのである。そしてそれを達成するための課題を考え，一石を投じるように，下級生に向かって提示するのである。こうして「みずのわ」は，上級生が下級生の世話をすることにより，学ぶ・学ばされるという体験をさせようとする異学年混合の活動とは違ったねらいをもつものとなる。それは，上級生の「政治する力」を育む活動といえるものなのである。

　本章では，このような「みずのわ」の活動について歴史的に考察するとともに，「みずのわ」で行う運動会を一例に，今日の長良小学校における具体的実践を通して，「みずのわ」活動による学校づくりについて検討していきたい。

▌1節 「みずのわ」活動の始まりと「部制」

「みずのわ」活動は，6章で考察した「いぶき」同様，野村芳兵衞が戦後まもなく長良小学校校長として赴任してから行った「長良プラン」の「一種の復活」であり，吉岡勲校長時代に始まった「ひらがな活動」の一つである。「ひらがな活動」は，当時の学校の教育目標である「健康」，「創造」，「仲よし」を具現する場として，「健康」は「あおぞら」，「創造」は「いずみ」，「仲よし」は「みずのわ」とそれぞれ名づけられて取り組まれた，長良小学校独自の教育活動である。

その際，吉岡は，「みずのわというのは単なる委員会活動ではないんだ（中略）子どもたちの創意を生かし，集団の中で考えたこと，集団でものをやりぬくということは，その子どものためにも意味あることなんだ」（岐阜市立長良小学校みどり会，1984，p.66）と述べている。1981（昭和56）年から1983（昭和58）年に教頭を務めていた後藤正明は，吉岡が「高学年の子どもひとりひとりに，全校を動かしているという自覚をさせよ」（p.70）と語ったと述べている。そして後藤は，「『政治する心』ですね。これは，『みずのわ』の基本となった考えです」（p.70）と解釈する。このようにして，「みずのわ」活動は吉岡校長時代に生まれたのである。

野村の行った「長良プラン」の中核的な活動に「部制」がある。本書の8章に収録した，野村が校長であった戦後まもなくに長良小学校の若手だった元教師たちへのインタビュー（2014年7月22日実施）では，「部制」という活動がその当時，とても新しい考え方として受け取られたことが語られている。「部制」が導入されたころ，教師になって三年目の若手であった西脇成紀は，それについて，「学校経営の，野村先生の理想というものが，そういうものが，あの部制というものに表れてきたのではないか」と述べている。

また，『みどり会誌―附属五十周年記念―』に掲載されている，「部制」や「長良プラン」について語り合う座談会「『新教育』を歩み始めたころ」の中で，野村は，「……現在の長良に生きてきていますね。みずのわという形で，あれは，一種の復活ですね」（岐阜市立長良小学校みどり会，1984，p.50）と語っている。このように，「部制」の精神がその後，「みずのわ」に引き継がれ，「一種の復活」を遂げたと考えられているのである。それでは「部制」とは，どのような活動であったのだろうか。

野村は，1946（昭和21）年，長良小学校校長に着任した。第二次世界大戦後の日本は，1948（昭和23）年から1953（昭和28）年ごろまで，「コア・カリキュラム」が教育界を席巻していた。そのころ野村が長良小学校で行ったのが「長良プラ

ン」(岐阜大学学芸学部附属長良小学校, 1951) である。そして, その「長良プラン」の中心的方法論の一つとして取り組まれたのが「部制」であった。「部制」とは, クラスごとに縦割りグループをつくる教育システムである。野村は, 「部制とは, 各学年が第一部, 第二部, 第三部……と, 私の学校では第六部までありますので, それを縦に集めて, 第一部学校 (一年から六年まで一組迄) (中略) 六部の学校を組織したらどうかということです」(野村, 1950b, p.28) と述べている。つまり, 縦割りで学校の中に小さな「学校」をつくり, 6年生が中心になって, その学校を運営していく考え方である。それは, 大きな学校全体で行う六つの係を決めて, 六つの学校が六つの係を曜日ごとに回して行うシステムでもあった。こうして子どもたちが各部学校の運営と同時に, 大きな学校組織も, 係を回して運営していくという, いわば学校の共同経営に子どもたちを参画させる実践方法が「部制」だったのである。

当時の長良小学校は, 岐阜県で最も多い児童数であった。野村もこれについて, 「この学校は二千二百余名の大きい学校で, こんな市立の大きい学校をそのまま学芸大学の附属小学校にしているのは, 全国で岐阜県だけだときいている」(野村, 1952, p.18) と嘆いている。戦前の岐阜県師範学校, そして戦後初期の岐阜大学学芸学部に専用の附属小学校がなかったので, 代用附属として位置づけられていた小学校が長良小学校であった。そこで野村は, このマンモス校をそのまま運営していくのではなく, 小さな学校の集まりとしてまとめていく方法を編み出したのである。しかし, 野村の次の校長である林貞二の時代, 「マンネリ化」や「部制でなければできないというものがうしなわれた」(岐阜市立長良小学校みどり会, 1984, p.49) ことなど, さまざまな原因から「部制」はなくなっていったのである。そのため, 「部制」という呼び名で行われたこの教育方法は, わずか五年で幕を閉じることとなった。そして, 前述のように, 吉岡校長時代に復活することになるのである。

吉岡は, 野村から林に校長が変わった時代の 1950 (昭和 25) 年から 1954 (昭和 29) 年, 教頭を務めた。『みどり会誌—附属五十周年記念—』に収録された前述の座談会では, 吉岡自身, 「私は, 野村先生のやり方に, 割合い批判的だった方ですけども……」(岐阜市立長良小学校みどり会, 1984, p.54) と語っている。また, 先にも引用した, 本書の 8 章に掲載している元教師たちのインタビューの中で, 辻房子は, 「一番反発してみえたのが吉岡先生……部学校には反対やってね。それより前に学校としてやらんならんことがあるんじゃないかということですね」と述べているように, 吉岡は教頭であった時代, 「部制」に反対していた。しかし吉岡が校長になったとき, 前述のように「みずのわ」は復活していく。そのことについて

野村は，前述の座談会で，「吉岡先生によって，私の気持ちは，生かしてもらえたような気がします」（p.53）と述べている。吉岡は，野村が「長良プラン」を進め，「部制」を導入したとき，それを裏で支えた教頭だからこそ，「部制」の良さを理解し，新たにそれを生かす方法を追求することができたのではないだろうか。

2節 野村芳兵衞における「個性づくり」と「仲間づくり」を統合する教育の場としての「部制」の概念

　野村は，児童数が二千四百人もいる学校で子どもたちが融和して協同し，自治活動を行うためには，異学年混合の「部学校」を築くべきだと考えた（野村，1950b，p.28）。その理由として野村は，主に三つの点について指摘している。第一の点は，学校を講義の場として考えるのであれば，同学年で教育計画をすることが多くなるが，学校を集団生活の場として考えるのであれば，異学年で教育計画をすることが必要であるということである。次に第二の理由は，そもそも教育の目的が，第一義的には，子どもたちに概念の記憶をさせることではなく，子ども自身が現実の生活の中から，自分の意欲と環境との相互的な生活課題を発見し，民主的な環境改造と人間づくりをしていくところにあるという点である。そのため，共同作業できる仲間の社会が必要であり，本当の意味での子ども社会を築くためには同じ年齢の集まりの学級だけでなく，異学年混合の「部」の集まりが必要になるのである。さらに，ただ単に縦割りの「部学校」をつくるだけでなく，「部」の中に「専門部」（今日の学校にみられる係や委員会）をつくり，仕事を分担することが大事である，と野村は述べている。最後に第三の点として，全校組織にとって，「部制」と学年組織の十文字組織が大事であるということである。つまり，教師たちは各学級において，「全校活動に位置づけられた学級経営」が求められるわけである。

　このような理由で，異学年混合の縦割りである「部制」は，子どもたちの自治活動を本当の意味で子どもたち自身に解放するために必要であると考えられたものなのである（野村，1950b，p.29）。また，野村は自伝的著作『私の歩んだ教育の道』（1973年）の中で，「部制」の概念が立脚する「小さい学校」という考え方について，「人数が少ないと，自分作りも深められるし，仲間作りも深められる。人間は，自我↔集団体制の生活者であって，そういう生活者を育てるには，個別指導だけでは駄目であり，集団指導だけでも駄目である。また，この二つを寄せ合わせただけでも駄目である」（野村，1973，p.155）と述べている。つまり，「個別指導に出発して，それを集団指導に結びつけ」，それと反対に，「集団指導に出発して，それを個人指

導に結びつけ」，一人一人の願いを仲間の願いに結びつけ，仲間の願いを一人一人の足場で受けとめさせることにより，「個性づくり」と「仲間づくり」ができるとして，野村は「部制」を意味づけているのである。

▌3節 政治する力を育む「みずのわ」の思想と現在の在り方

　前述したように，「みずのわ」活動は，6年生から全校児童に向けた「連帯性」を育む「仲よし活動」の一つである。高橋彰太郎校長の時代にまとめられた『逞しく生きる―長良小の教育―』（1990年）によると，「みずのわ」は，「自分の手足で自分のくらしを見つめ仲間との生活を高めていくもの」であり，6年生全員が**生活を見つめ**，学校の中にあるさまざまな問題をすくいあげ，少しでも生活をよくするためにはどうしたらよいか考えて，全校に一つの「石」（活動内容）を投げることを出発点に置く，一年間を通した取り組みである（岐阜市立長良小学校，1990, p.10）。その「石」が，文化的活動なのか，体育的活動なのか，校風づくりなのか，投げ方，大きさ，方向を決め，具体的な**活動計画を立てる**。「みずのわ」のスタートは，5年生の3学期からであり，自分たちがどのような6年生になって，全校にとってくらしをよくするために，どのような「石」を投げるのかを5年生の3学期から考えながら，6年生になっていく。そして，6年生になって，投げた「石」の波紋が大きく広がるように，全校にしみ

込ませようと，願いをもって**やり通す**。そして全校に渦と流れが起きたことを噛みしめながらも，仲間と**反省し練り直し**，5年生に引き継ぎ卒業していくのである。

　現在もこの思想は引き継がれている。しかし，4章にあるように，現在は6年生だけが中心になっているのではない。6年生で「みずのわ」のリーダーになっていくために，3年生3学期から4年生2学期は，自分たちのくらしをよくすることへの**実践する力**や**計画する力**を養い，4年生3学期から5年生2学期は，くらしを見つめ，必要

な仕事を係ごとに分担して活動し（**見つめる力**），5年生3学期から6年生2学期にかけて，学校全体で，自分ができることを考え，働きかけ，実行し，反省して引き継ぐ（**反省する力**）のである。具体的には，現在は，3年生3学期から4年生2学期は主に，飼育・栽培活動を行っており，4年生3学期から5年生2学期は主に，報道，図書，健康，全校給食（5年生3学期から6年生2学期も）という全校係を分担している。

　これらの具体的な全校係活動は，毎年，どのような活動や取り組みが必要かどうかの検討を通して決められている。長良小学校では，「みずのわ」の精神がどのようなものであるかという意味について深く考えて受け継ぎ，その上で，「みずのわ」で昨年度行われたことが今年度も必要であるかどうかが検討される。また，「みずのわ」活動の時間として，毎週木曜日の朝に縦割りの「仲よし活動」をするという

決まった時間も設けているが，全校係の仕事をしたり，木曜日の朝の実践活動をしたりすること自体を，それだけで「みずのわ」と言っているのではない。自分が，全校のくらしをよくするためにできることは何か，「みずのわ」として必要なことは何か，一人一人考えて実践することが「みずのわ」なのである。ゆえに，5年生の全校係の内容は前年度の踏襲ではなく，基本は，全校にとってよりよいくらしを目指すために，学校内にある仕事を考え，どのような係分担をしたらよいかを考えることから始まるのである。6年生が休み時間に1年生と遊ぶことも，朝掃除をすることも，一人一人の自覚の中から，6年生としての，学校のリーダーである自分の「みずのわ」として行っているのである。

　高橋校長の時代から，「みずのわ」の思想は変わっていないが，どのような活動

によって「みずのわ」を具現していくかが変わってきているのは，そのような取り組み方によるのである。それは，その時々の自分たちのくらしを見つめ，仲間のくらしのために自分が何をしたらよいかを考えて実践しているからである。つまり，「みずのわ」とは活動や実践のことではなく，思想のことなのである。

▓ 4節 「みずのわ運動会」の実践における「みずのわ」の思想

　長良小学校の運動会は，「みずのわ運動会」と呼
ばれている。そこでは，全校児童が異学年混合の
縦割りで，「赤団」「青団」「黄団」の三つの「団」
に分かれ，応援合戦を含むチームワークに取り組
んでいる。それでは，この「みずのわ運動会」は，
どのように準備され，どのように行われるのであ
ろうか。教師たちはどこまで手伝い，子どもたち
はどこまで自分たちの手で運動会をつくっていくのであろうか。

　2015（平成27）年9月，運動会前の一週間，長良小学校の教育実践を参観調査
する機会を得た。ここでは，その観察結果をふまえ，長良小学校における「みずの
わ運動会」が，どのように「みずのわ」の思想を具現化するものであるのかについ
て考察することにしたい。

　「みずのわ運動会」前の一週間は，運動会の練習
ばかり行われているのかと思っていたが，毎日一
時間体育の授業があることと，朝活動の時間で応
援の練習をすること，そして前日の4時間目から
6時間目に5，6年生は準備をすること以外は，普
通に授業が進んでいた。何よりも驚いたことに，
多くの学校では，運動会前後は気忙しいムードに
なるのに，教師たちも，子どもたちも，とても落ち着いているのである。その上，
教師たちは，その週のうちに，「いぶき」の時間に関する校内研究会（長良小学校
では「全校研究会」と呼ばれる）まで行っていた。このように，通常は考えにくい
ことであるが，長良小学校は，運動会直前にすべての教師が参加する校内研究会を
普通に実施できる学校なのである。もちろん，子どもたちも，教師たちも，運動会

に向けて心は集中している。それは「朝のいぶき」
で今日がんばることを話している内容にも見受け
られる。多くの子どもたちが，その日の運動会の
練習をする一時間の体育の授業や応援練習に向け
て，がんばる目標を立てている。

　「みずのわ運動会」の合言葉は，6年生が7月に
決める。2015（平成27）年度は「せいいっぱい」

である。5，6年生の子どもたちは，この合言葉の
もとに，競技だけでなく，十種類以上に及ぶ係の
仕事を分担し，やり遂げていく。運動会当日も，
教師たちは誰一人として運動場で中心には立たず，
子どもたちの席の中や子どもたちを補助できる位
置にいる。子どもたちが運動会のすべてを自分た
ちの手で行い，進めていくのが長良小学校の伝統

なのである。子どもたちだけの運動場では，応援係，得点係，放送係，ライン係，
判定係，器具係，ピストル係など，子どもたちがそれぞれ分担した役割を果たしな
がら運動会がつくられていく。それら以外に，次のような係もある。たとえば，学
年係。学年係は，競技の前に担当の学年やはぐるま学級（長良小学校の特別支援学
級）の子どもたちを入場門へ召集したり，整列させたりする。緊張してお手洗いに
行きたがったり，列を外れて走り出したりする子どもがいても，6年生はそれぞれ

の子どもに対応しながら，競技や演技に向かわせ
ていく。また，湯茶係のようなものもある。来賓
や敬老の席に，お茶をサービスする係なのである。
運動会の来賓席や敬老席に子どもたちがお茶を出
す学校は珍しい。

　競技は，どの学年も個人競技，団体競技，演技
の三種類を基本に組み立てられている。それ以外
は，応援合戦，女子選手リレー，男子選手リレー，
PTAの綱引き，である。個人競技は徒競争，団体競技は三，四人や「団」が協力し
て得点を争うもの，演技は日常の生活をテーマに音楽に合わせて動いたり踊ったり，
表現するものであった。いずれにせよ，すべて子どもたちが自分たちで安全にでき
るものである。子どもたちが運営する運動会だからであろう。

　運動会四日前の火曜日の「朝のいぶき」で，3年生女子児童が次のような一日の
目標を立てていた。「50メートル走では，腕が上
手にふれていないので，きれいに上手にふれるよ
うにしたい。また，『モンシロチョウの一生』（運
動会での3年生の演技種目である──引用者注）
では，さなぎからモンシロチョウになる時に，最
初羽がなかなか広がらない感じまで表現できるよ
うに，ていねいに指先を使って羽を広げていきた

い。また『金華山ロープウェイ』（運動会での３年
生の団体競技である——引用者注）では三人で協
力してバランスよく，早く進めるようにしたい」。
このように，三つの種目のそれぞれに，どんな注
意を払って練習するのかについて，具体的に目標
を立てているのが印象的であった。

　また，運動会の二日前は雨の日だった。後になっ
て振り返れば，三日前の総合練習は十分できて，運動会前日と当日は晴れたので，
とてもタイミングのよい雨だったと思うが，前日準備の日の「朝のいぶき」で，あ
る６年生男子児童が，「昨日の雨でグランドにデコボコの所ができてしまったので，
準備の時間は，そこに土を入れて平らにしたい」と述べていた。運動会全体のため
に必要なことを考える６年生だからこそ，このような発言をするのであろう。こ
のように子どもたちは，自分たちに準備できることが何かを考えて，一生懸命取り
組む。私は，このような子どもたちに「みずのわ」思想の具現化を感じた。

　そして当日になると，子どもたちは，朝７時すぎから
登校し，準備を始めた。開会式から子どもたちが壇上に
立ち進められた。開会式と閉会式では，子ども代表のあ
いさつがある。また基本的に，子どもたちの係と子ども
たちの競技・演技で会は進行されるので，教師は見守る。
子どもたちができる範囲で，すべての運営を行っている
のである。そして運動会が終わると，5，6年生は一緒に
解団式を行い，6年生から5年生へと「みずのわ運動会」の，
子どもたち自身による運営が引き継がれていくのである。

▌▌5節　「みずのわ」に継承された野村芳兵衞の思想

　野村芳兵衞は，子どもたちが民主社会で生きていくためには「毎日の家庭生活又
は学校生活を通して具体的に躾けられて行かねばならぬ」（野村，1950a，p.42）
とした上で，次のように述べている。

　　　……日常生活をもう一歩前進させて，子供達の民主的な躾をするためには，
　　　子供達の自治活動を組織化してやる必要がある。子供図書館を経営させるとか，
　　　給食を経営させるとか，子供の実験室を経営させるとか，動植物の飼育栽培か

ら，子供測候所の経営，学校放送や学校新聞，運動会，写生大会，遠足，劇の会など，こうしたことを子供達自身に経営させて行くならば，当然に其処から民主的な躾が出来て行くであろう。（p.42）

　このように野村は，雑誌『教育公論』（1950年4月号）に掲載された論文「新年度に於ける訓育実践の方向」の中で，現在の長良小学校における「みずのわ」の実践が含んでいるような委員会活動，飼育活動，運動会といった子どもたちの集団的な自治活動が，小学校における子どもたちの民主的な生き方の教育や「仲間づくり」を通した「個性づくり」に不可欠であることを述べている。また，同年に雑誌『カリキュラム』（1950年8月号）に掲載された「日本新教育運動史のひとこま—『児童の村』小学校前主事 野村芳兵衞氏をたずねて—」では，「こどもに社会をきづかせることが大切」（野村，1950c，p.65）とした上で，「子どもは子どもの実力の限りにおいて社会改造に参加させるべきで，それ以上飛躍してはいかんと思うね」（p.65）と言う。つまり野村は，子どもたちの手におえない社会ではなく，自分たちの学校社会の中で，子どもたち自身が自分たちのくらしをつくっていくことを通して，将来，大人の社会へ入っていく準備ができると考えたのである。

　長良小学校の「みずのわ」には，野村のこのような考え方が継承されている。そのような継承が可能だったのは，「みずのわ」が，野村の意を生かし「ひらがな活動」を始めた吉岡のころから，単に型通りの活動を踏襲するのではなく，活動の本質的な意味は何なのかという，実践の鍵となるような教育思想を長良小学校の教師たちが問い続け，引き継いできたからにほかならない。つまり，「部制」から「みずのわ」へと脈々と継承されてきた教育思想とは，学校経営や日々のくらしをよりよくするための「石」を，教師と子どもたちが協働で探究するという，学校づくりに関する長良小学校の独自な意味づけであり価値観なのである。そして，そのように「石」が学校全体に投げられることにより，子どもたち自身が学校づくりの目標に連帯して向かう姿勢が自主的に生み出され，育まれていく。

　こうして「みずのわ」活動は，子どもたちが教師と協力して，協働的・自治的に学校づくりを実践していくシステムをきわめて自然な形でつくり出している。長良小学校では，この「みずのわ」の実践に象徴的に表れているように，教師と子どもたちが日々，協力し合って，協働で自主・連帯・創造・健康の学校づくりに取り組む横軸と，野村から連綿と続く，「子どもの側に立つ教育」の思想を継承して具現化してきた歴史という縦軸が交差し，この縦（歴史）と横（現在）の二つの軸が重なり合い，響き合い，結び合っている。それにより，時々の流行りや捻じ曲げに決

して振り回されない，子どもたちの本当の幸せを願う人間教育を本質的に深め，広げてくることができたのだと考えられる。

8章

座談会 *1*
野村芳兵衞先生の教育を語る会

冨澤美千子

　2014（平成 26）年 7 月 22 日，野村芳兵衞が岐阜市立長良小学校の校長だった
1946（昭和 21）年〜 1953（昭和 28）年，当時，二十代の若手教師として長良小
学校に在職し，野村校長とともに「長良プラン」や「部制」の実践に取り組んだ方々
にお集まりいただき，当時を振り返り語り合う，次のようなきわめて貴重でかけが
えのない座談会を行うことができた。以下，本章では，その記録を掲載する。なお，
先生方のお名前は敬称略で記させていただいた。

座談会の様子

【会の名称】野村芳兵衞先生の教育を語る会
【日時】2014（平成 26）年 7 月 22 日（火）10：00 〜 14：00
　　　　（12：00 〜 13：00　昼食休憩）
【場所】岐阜市立長良小学校校長室
【出席者】（敬称略，2014 年 7 月 22 日現在の年齢）
　辻　　房子（女性：89 歳　昭和 20 年岐阜師範学校卒　昭和 20 〜 30 年 長良小学校在職）
　西脇成紀（男性：88 歳　昭和 20 年岐阜師範学校卒　昭和 23 〜 35 年 長良小学校在職）
　武藤貞雄（男性：86 歳　昭和 23 年岐阜師範学校卒　昭和 24 〜 38 年 長良小学校在職）
　藤垣淑子（女性：85 歳　昭和 23 年岐阜師範学校卒　昭和 23 〜 37 年 長良小学校在職）
　小林芳雄（男性：85 歳　昭和 24 年岐阜師範学校卒　昭和 24 〜 38 年 長良小学校在職）
　西尾昭枝（女性：84 歳　昭和 25 年岐阜師範学校卒　昭和 25 〜 37 年 長良小学校在職）
　高橋義治（男性：84 歳　昭和 25 年岐阜師範学校卒　昭和 25 〜 30 年 長良小学校在職）
【聞き手】（2014 年度現在の現職）
　冨澤美千子（奈良女子大学大学院・日本学術振興会特別研究員）
【司会】（敬称略，2014 年度現在の現職）
　芳賀雅俊（長良小学校教務主任　平成 14 〜 19 年,平成 23 年〜現在 長良小学校在職 10 年目）

野村芳兵衞の人物像………………………………………………………

女性教師と家庭科教育をめぐる野村芳兵衞の信念
──民主主義を教えるということ

西尾 野村先生は，記念碑の南側の堤防の上を耕して薩摩芋をつくられてました。私も野村先生に「おい，ちょっと手伝ってくれ」と言われて，手伝いました。野村先生の奥さんも，それから息子さんの豊さんも一緒に耕したことを覚えています。そのころは，食糧難でした。

西尾昭枝

　私は昭和22年に女学校を卒業しましたが，野村先生には，女学校時代に理科を教えていただきました。先生は，1時間授業が終わると，ノートにわかったこと，わからないこと，思ったことを書いて出せというふうに言われました。そして私は組の分を全部集めました。私の家は長良小学校の方だったので，女学校の帰りに，長良小学校へノートを届ける係をしていました。

冨澤 野村先生は，理科の教員免許を取られていらっしゃいましたよね。

西尾 はい。野村先生は，道端の草やら木やら何でも知っているので，暇があると子ども連れて，これは何という名前だといっぱい教えていました。

司会（芳賀雅俊） 西尾先生，長良小学校の教員のときには野村校長先生とはどのような思い出がありますか。

西尾 私は初任で4年生の担任になったんです，5部4年[1] でした。昭和25年，19歳でした。担任をしていたクラスの子どもが家へ帰って，「担任は女の先生で，長い髪後ろに結んだ19歳の人だ」って言った。女の先生はそんなにいなかったものでね，親父さんたちがびっくりして，すぐに野村先生のところへ来て，「あの先生，変えてください。女の先生は困ります」とか，「4年生の横着坊主を見てもらうにはちょっと難しいので，すぐ変えてください」と言いに来たそうです。そのことについて，野村先生は私に言われなかった。でも，その後4・5・6年担任をして卒業させたら，その子どもの親父さんが私のところへ来て言うのです。

1　「部制」では4年5組をこのように呼んだ。「部制」とは，7章で詳しく述べたように，1年1組，1年2組…というような，学年のなかでのクラスの分け方と違い，1部1年，2部1年……というような，学校全体を縦割りに部学校制度にすることである。

皆で野村先生のところへ変えてくれるように頼みに行ったら「中村先生（西尾先生の旧姓──引用者注）が何を教えるのか知ってますか」とか，「どういう教え方しているのか知ってますか」と言われ，「何をどのように教えるのかもわからないのに，あの人は駄目だというようなことを言ってはいけない」と言われたと言い，そして「先生に3年間担任していただき，本当によかった」って言ってくれました。

　私は家庭科の担当でしたが，初任で全然どういうことを教えたらよいのかが，わかりませんでした。裁縫や料理や掃除のやり方を教えると習ってきました。それで，そういうのが家庭科かなと思っていました。ところが野村先生は，家庭科の授業をよく見に来て，「女は家庭を守る人，男は外で働く人という考え方は間違っている。民主主義を教えてください」と言いました。当時私には，どういうことか，よくわかりませんでしたが，女も男も勤め先で仕事を一生懸命やっている，または専業主婦であっても，奥さんは家事を一生懸命やっている，同じ時間を皆一生懸命やっているのだから，仕事から帰ってきたら，男も家庭の仕事をできるだけ手伝わないといけないということを学校で教えて，そういう技術も男子に身につけさせなければいけないということでした。ただ単に，一生懸命技術だけを教えればよいというのではないということを，野村先生に習いました。

野村芳兵衞の人物像──掃除のこだわりと植物採集・昆虫採集

西尾　野村先生は，ガラス拭きや掃き掃除や桟を拭いたりを四六時中しており，手ぶらでいることができない先生でした。そこで「頼むから，あまりやらないでくれ」とか，「僕ら何もやれないのでやめて欲しい」ということを，他の男の先生が野村先生に言いに行ったみたいです。それで野村先生は職員会議のときに，「あんたら真似してやらんでもよい」とおっしゃいました。

小林　僕は新卒だったので，お手本だったなあ，野村先生のやり方は。野村先生は，朝，必ず草花を持ってきて，机の上に置いてから，まずガラス拭きをしました。親の背を見て育つということがありますが，僕はそういう芳兵衞先生の背を見て育ったような気がします。

藤垣　私は，お家へお邪魔したことがあります。ちょっと薄手の，お菓子を入れてある箱を再利用したヘラヘラとした白いボール紙の大きい紙を持っていらっしゃって，壁際に3センチ四方

藤垣淑子

や5センチ四方，6センチ四方の小さな小箱をつくって，入れる物を決めて積み上げていました。どこに何が入っているのか，ちゃんと覚えていて。ああいうのは，もうこまめというか，私たちにはなかなかできないことです。

高橋　私が昭和25年に来たときは職員旅行で一泊旅行がありました。それが昭和26年には二泊になりました。そうすると，誰か留守番しなきゃいけない。必ず留守番してもらえる先生がいて，それで皆で行けました。確か湯河原へ行ったときだったと思いますが，芳兵衛先生が胴乱を持っていかれました。

藤垣　植物を入れるためですね。採集をして。

高橋　昆虫採集とか植物採集をして，そこの中に入れて持って帰られました。また野村先生は，「若者と旅するのは本当に楽しい」ということを言われて。昆虫採集はなかなかできませんでしたが，珍しい植物を見つけて，必ず名前を教えてもらいました。そうすると聞いたときはわかったつもりでしたが，忘れてしまいました。（一同笑）

校長先生の机はその当時今と同じ所にあったと思いますが，6年生になると，五～六人一班に分けて掃除をしますが，一年間かかって校長室の掃除をすべての班が一回り担当して卒業するというのがその当時の6年生でした。そうすると6年生の先生が口を揃えて言われることは，子どもたちが校長室へ掃除に行ってくると，掃除が本当に上手になるというのです。芳兵衛先生が何か教えているのかというと，そうじゃない。何も別に言われないけれども，子どもたちは担当の一週間経って帰ってくると，教室での態度や掃除の仕方が違うと言って，6年生の担任たちが言う。校長室では，どんなふうに掃除しているのだろうと思って，校長室へ覗きに行ったことがあります。そうすると，芳兵衛先生は「ガラスは何て言っているかね？」と，子どもと喋っている。すると子どもも何か返事するのです。そして「綺麗な方が汚れているよりもいいでしょう，気持いいでしょう」というようなことを子どもと話しているのです。

高橋義治

藤垣　芳兵衛先生のその姿がすごく温かく，家庭の方へも響いてくるんです。野村先生のお宅の近くに住んでいたころ，私の子どもは長良小学校へ通ってました。娘は夏休みの研究で「長良の草や花」という題で，押し花をつくってました。ところが名前のわからない草花がたくさんあり困っていたので，私は，「野村先生のところへ聞きにいこう」と言って，娘を先生のお宅に連れて行ったことがあり

ます。野村先生は非常に丁寧に，おもしろおかしく教えてくださいました。その
とき野村先生の優しさとおもしろさと奥深さみたいなものがよくわかりました。

学校長としての野村芳兵衛の姿

高橋　野村芳兵衛先生で思い出すのは，確か学校での年末だったか送別会だったか，
そういう会で，芳兵衛先生が「高橋君，俺を呼び捨てで呼んでみよ」と言われた
ことです。「芳兵衛」って呼んでみよと言われるのです。他の先輩方を見ている
と「芳兵衛，芳兵衛」って平気で呼んでいる。西脇先生は，そんなこと言わなかっ
たけれど。それ以外の先輩も後輩も，我々から見たら雲の上のような人を「芳兵
衛」って。そして芳兵衛先生は「高橋君，お前言ってみろ」と言います。そのよ
うにはとても呼べない。とにかくそのように言われたことを覚えています。

西脇　芳兵衛先生という人は教育者でしたね。教育者ではあっても，校長先生では
なかった。

高橋　野村先生は，岐阜市部長懇親会があると，帰りに宿直室に寄られ，ここから
自転車で帰られました。「高橋君ご苦労さま」と声をかけられ，「これを明日の朝
食べてください」と寿司などいただきました。それから「今，君が一生懸命にや
ろうとしていることは何ですか」と言います。そして，「先輩がたくさんいるから，
躓いたら先輩を利用しよう」とおっしゃいました。さらに「それから話は全然違
うけれども，高橋君は好きな人はいますか」とおっしゃいました。「いいえ」と
答えると，「好きかどうかと言っているうちはあかん，満州ぐらいまで駆け落ち
して，こんなことになってしまってどうしよう，校長先生なんとかしてください
と，電話してくるくらいならわかる」と話してました。そういうような話をして，
自転車で帰られました。

西脇　野村芳兵衛先生は，子どもも大事にされる
けれども，本当に職員を大事にされる人でした。

辻　そうです。野村先生は信頼ということを一番
大事にしていらっしゃいました。

小林　そうですよね。対等に人とつき合う人でした。

武藤　芳兵衛先生は，いつも廊下を歩いてメモし
ておられたのに，それをもとに指導されたこと
はなかったなあ。

西脇成紀

西脇　そういえば，同僚の先生に「何々先生」と呼ぶことはなかった。「西脇君」
とか「武藤さん」とか呼びました。「何々先生」という職業柄の名前で呼ぶので

はなく，信頼して，「何々君」とか「何々さん」とか呼んでくれていたんじゃないのかなあと思います。その風潮を引き継いでいるせいか，長良小学校の教職員の会「みどり会」は，先輩も後輩も皆仲間で，先輩は先輩ぶることなく面倒見がよいですよね。先輩っていう意識はなかったなあ。

小林　そうですね，なかったですね。

西脇　後輩を育てなきゃいけないとか，そういう意識よりも，同僚意識というか。そして，皆自分一人で歩いていかなければだれも救ってくれないという気持ちで，一人一人歩いていこうとする長良精神があった。そういう気持ちも長良色でした。

小林芳雄

小林　そういえば，指導なのか指導と呼ばないのかわかりませんが，新卒でここに来て三か月経ったころ，鈴木頼恭先生に，「長良の地図が書けるか？」と言われたことがある。家庭訪問後に，長良の土地をどれぐらいわかるようになったか，どれだけ路地を把握できているかを自覚することが大事だということなんでしょうね。

野村芳兵衞の徹明小学校への転任

　野村芳兵衞は，1953（昭和28）年4月，長良小学校から同じ岐阜市立の徹明小学校へ転任となる。PTAに対して述べた破防法についての意見が影響したともいわれている。

武藤　芳兵衞先生は体育館で最後のあいさつをしました。僕ははっきりは覚えておりませんが，確かそのころ長良橋が建設中でね。野村先生は，昔の橋はやさしい，これからはもっと筋だけは，簡素化が大事だとおっしゃった。何をおっしゃりた

武藤貞雄

かったのかと，今でも思うけど，橋のことを言ってるわけではないと思った。芳兵衞先生は，教育システムにしても政治にしても，細かいことまで規制をするよりも，大筋が大事だとおっしゃったのではないかと思います。

西脇　僕は直接聞くことができなかったけれでも（その前に転任──引用者注），徹明小学校へ転任されることを他の職員たちは，納得できなかった。

　　そして，その不満で芳兵衞先生をお神輿して，町中をねり歩いたんです。

司会　実はその写真がありまして，西脇先生も写っています。

1953（昭和 28）年 4 月 12 日に開催された長良小学校職員による「芳兵衞をおくる会」
中央が野村芳兵衞，その左が奥村勉，さらに左が西脇成紀。鈴木頼恭撮影（岐阜県歴史資料館蔵）

ゆすら会について

西脇　芳兵衞先生が徹明に替わられたのが昭和 28 年。その前の年に教師になって
　　二年目，三年目あたりの人が五，六人いて，もっといたかもしれないけれど，彼
　　らは芳兵衞先生を慕って学校に来たのに，芳兵衞先生が転任してしまったという
　　ことで，芳兵衞先生に時々話を聞きに行く会をつくりました。「ゆすら会」とい
　　う名前は，とにかく芳兵衞先生を揺すって，揺すって，芳兵衞先生からこぼれる
　　ものを皆もらおうということでつくったそうです。一番大将が柘植くん。それか
　　ら……

西尾　兼松さん，奥村さん，それから長田さん。

西脇　長田さんは少し上じゃないか。

西尾　私たちより遅く長良小学校にきました。

藤垣　そうです。私たちと同じ歳だけど。

武藤　大東さんもいます。

西脇　この会に，ゆすら会のメンバーのうち，誰か来たらよいなあと思いましたが，
　　亡くなってしまったり，全然耳が聞こえず話ができない状態なのであきらめまし
　　た。彼らはそういう会をつくって，何年ぐらい続いたのかわかりませんが，芳兵
　　衞先生の家へ行ったり，どこかへ来てもらったりして，だいぶ長いこと続いたと

聞いています。

小林　そこで，どんな話をしていたのだろう。この会（この「野村芳兵衛先生の教育を語る会」のこと――引用者注）もあと三年前だったら，いろいろなことが聞けたのに。

第1回作文教育全国協議会（中津川大会）でのできごと …………………

　以下にある辻房子の回想は，1952（昭和 27）年，日本作文の会が，岐阜県中津川市にある中津川市立南小学校で開催した第 1 回作文教育全国協議会に参加したことに関するものである。第 1 回作文教育全国協議会では，戦前の綴方教育から戦後の作文教育への継承と発展を目的に，研究発表はもとより，大会に参加する若い教師たちの育成に力が注がれ，全国各地から若い教師たちが参加して活発な発言と討論が行われたのだった。

辻　わたくしは昭和 20 年新卒で長良小学校へ赴任しました。長良は男子師範の代用附属だったので男先生がそれも個性的な方が多く，女先生は数えて五指になるかならんかという数でした。4 年生の担任をさせてもらいました。敗戦となって新教育，男女同権という声が聞かれるようになって，いろいろ考えた結果学年末が近づいたとき，思い切って 5 年生にもち上がることを申し出ました。お願いを申し上げると，野村芳兵衛校長先生はにっこり笑って返事は何にも言われませんでした。新学期が近づくと，わたくしは 5 年生の担任という発表があり，あんな嬉しいことはありませんでした。一歩前進したような気持でした。野村校長先生になったころ，作文教育が全国的に盛んでした。無着成恭さんの『山びこ学校』（1951 年：正式名称は『山びこ学校―山形県山元村中学校生徒の生活記録―』――引用者注）が出版されたことなどから，作文教育へと草木もなびくといった様相を呈していました。中津川市（岐阜県）で全国生活作文の研究大会が開催され，友人と一緒に参加しました。二日目は，全体会議がもたれ，野村先生が議長団のお一人でした。私も会議に参加しました。すると，いきなりわたくしの名前が呼ばれました。旧姓「関口」といいますが，「関口房子さん，何か発言してください」と言われたのです。突然だったので，どういうことを喋ったらよいか

辻　房子

困ってしまいました。私の作文指導は，『山びこ学校』流の指導までには至っていないし，無着先生がどういう方向で指導されたのか，不勉強な私には，どのように発言したらよいかわかりません。おまけに腹痛が段々ひどくなって，いつ中座したらよいものかと，そちらの方が気がかりな状態でした。結局友人に付き添われて会場を後にし，指名していただいた野村先生には恥をかかせてしまいました。腹痛の原因は，虫垂炎でした。そして急遽，岐阜市内へ戻り，その夜，病院で手術をしてもらいました。せっかく発言の機会をいただいたのに申し訳ないと，退院してから野村先生に謝るのがやっとでした。結局，生活作文と生活綴方の方向づけはどう違うのか，長良のような比較的豊かな地域ではどういう作文指導をすべきだったか，今でもはっきりわかりません。でも当時は，子どもたちが目の前にいるのですから，まず文集づくりから始めてみようと思いました。私は，文集の題を「春」「夏」「秋」「冬」として，四回にまとめてみたということを覚えております。研究会は，結局中座してしまいましたが，野村先生は確か北方教育の生活綴方の方向には，あまり賛成していらっしゃらなかったと思います。それだけはわかっておりましたので，文集を「春」「夏」「秋」「冬」とし，季節の推移に連れてどんなことを生活してきたかということを子どもたちに書かせて文集にしたという記憶があります。

西脇　綴方から作文になったのは，学習指導要領が変わったからですよね。

辻　そうですね，はい。

西脇　私が教員になりたてのころは，綴方教育の時代でした。

辻　『みどり会誌』の34ページの発言をみると，綴方教育について小説家の高井有一さんが，昭和49年に『真実の学校』という本を書いており，その中に川口半平先生と野村芳兵衞先生の名前が出てくるそうです。本の内容は，北方教育について，いわゆる綴方生活についてであったようです。北方性教育に対して反対した人として，川口半平先生の名前があがっていました。野村芳兵衞先生についても，「我々は北方教育の中へは入られなかった」と意見を言った，と述べています。野村先生が，「人間は自由を確保しなければいけない」という信念を戦前から説いておられて長良へ来られたということを，私たちは少しも知りませんでした。『みどり会誌』にも，「突然にアメリカの回し者が来たから，校長さんの言うことはすぐに乗ってはいかんという警戒心も多少あったのではないかと思います」と書かれています。野村先生が，北方性生活綴方教育ではなかったということは，私も承知しておりましたが。

カリキュラムと「部制」についての語り…………………………………

野村芳兵衞が 1946（昭和 21）年に校長として着任以来，長良小学校では，戦後教育改革の激動の中，新たな教育の取り組みが進められていった。その中で実践の大きな柱となったのが，7章で詳しく述べたように，野村によって導入された「部制」だった。

西尾　部はいつできたの？

藤垣　昭和 22 年。

西脇　昭和 23 年に僕が来たときにはもう，部制になっていた。

小林　部学校ですね。

西脇　僕が来たとき驚いたことに，子どもたちが校長先生のことを「おじいちゃん，おじいちゃん」と呼んでいるのです。今から思うと，芳兵衞さんは五十歳代のはじめ。それで，何でそのように呼ぶのか聞いたところ，子どもたちのお父さんは部の部長先生で，七人の部長先生の上に校長先生がいるから，校長先生はおじいちゃんにあたる，という。だから野村先生が，「僕はおじいちゃんや。おじいちゃんと呼んでいいよ」とおっしゃったということです。そうすると，担任の僕らは何になるのか。

西尾　お兄ちゃんでしょう。

小林　野村先生は格式を重んじないから。

西脇　そうそう。それよりも部制の根底には，当時二千人を超える長良小学校をどのように経営していくかということがあったから。

西尾　40 学級ぐらいありました。野村先生は，そんなに大きなものは学校とはいえないと。学校というのは，1学年1学級ぐらいが一番理想の小学校の姿だと。小さな学校がよいとおっしゃってました。

西脇　そして「6年1組」「6年2組」とは言わないでしょう。「1部6年」「2部6年」と言います。それぞれ小さな学校が部長を中心に学校をつくっていく。そして，小さな学校が一緒になって長良小学校になる。僕は，学校経営において野村先生の理想というのか理念が部制に表れていると思います。

小林　そういえば全校集会はやらなかった。

西尾　全校集会やって，真ん中で芳兵衞先生が話したことはないですね。

小林　そういえば，朝礼で芳兵衞先生が話した記憶もない。

司会　その後，吉岡勲先生のときに「みずのわ」ができました。私たちは「みずの
わ」に野村先生の「部制」の考えかたがあると思いますが，吉岡先生と野村先生
は相いれなかったのか，実はつながっていたのか，よくわからないです。

西脇　吉岡先生は芳兵衞先生の「部制」のよいところだけをとっていて，そのあた
りには時間的経過がありますね。吉岡先生は，はじめ「部制」に反対していらっ
しゃったそうですが，校長先生になって「みずのわ」を始められましたからね。
芳兵衞先生の，教育というものに対する，学校というものに対する理念のような
ものがあの「部制」ではないかと思います。

辻　部の集会はとても楽しい会でしたね。あの集会が楽しかったので，小さいグルー
プになってよかったと思いました。

西尾　職員も子どもも，とても仲よしでしたね。上の子どもが下の子どもの面倒を，
一生懸命みてくれました。

藤垣　部で競争しました。

小林　競争というよりも，学校の教育精神がどうであるかとか，部で話し合った。
それで積んでいったよ。部制は本当によかった。

司会　上の子が下の子の面倒をみるというのは，掃除ですか。

辻　掃除や給食など生活的なことですね。

西尾　どこかに遊びに行きましたよね。部のみんな揃って，川や山へ行きました。

小林　本当に上の子が下の子の面倒を上手にみていましたね。

野村芳兵衞からの「子どもの側に立つ教育」の継承

司会　長良小学校の特色的な活動として「みずのわ」はあります。6年生が中心に
なって下の学年の世話をしたり，学校のことは6年生がやるんだという精神が「み
ずのわ」にはあり，それは野村先生からつながってきていると思いますが，いか
がですか。

小林　それは野村先生からつながってきているよ。長良の教育は，芳兵衞先生が大
筋であり，それを代々消化しながらつくり上げてきている。

辻　私もそう思います。そもそも芳兵衞先生が来られる前から，長良には子どもを
中心にしたグループづくりやその中で信頼感を育む雰囲気がありました。そうい
うものを大切にする学校でした。

小林　基本的に長良にある流れの中で育まれたんだな。

西脇　その雰囲気が具体的になったのは，やはり芳兵衞先生が「子ども」という言
葉を何にでも使ったからです。それまでは「何々小学校自治会」というような名

前で呼ばれていたのを「子ども会」にしようとかね。それから図書館は「子ども図書館」にしようとか，「子ども劇場」とか，「子ども音楽会」とか，いろんなことに「子ども」と頭につけるようになった。それがだんだん県下にも広がり，全国的にも多くなってきた。長良小学校の教育目標を考えるとき「子どもの側に立つ教育」という言葉ができたのも，やはり芳兵衛先生の「子ども」について考えていこう，子どもの目で見ていこうという姿勢が大きな影響を及ぼしていると思います。「子どもの側に立つ教育」という言葉について，随分職員室で論争になりました。そんな新しいことを言ったって，教育ができるか……と。子どもなんてものは，叱り飛ばして，ひっぱたかなければ，教育にならないというような意見まで出ました。

武藤　「子どもの側に立つ教育」は今でも使われてますよね。

司会　「子どもの側に立つ教育」という言葉が出たとき，紛糾があったと聞いておりますが，その様子を教えてください。

西脇　当時としては随分思い切った言葉でしたね。

小林　僕ら，新卒で来たばかりの者たちは，何でも素直に入ってきますが，上の人たちは大変な論争になりましたね。

冨澤　そもそも，その言葉は，野村芳兵衛先生の言葉ですか？

西脇　野村先生の言葉ではありません。

小林　師範学校を昭和 18 年卒と，昭和 19 年卒と昭和 20 年卒は十人ぐらいずついて，皆で徹夜で話し合った。

西脇　僕の記憶では，何日も徹夜して考えた言葉です。

「教科に生きる」長良と「子どもの側に立つ」長良にみる「芳兵衛イズム」

司会　今年，長良小学校みどり会は八十周年になりまして（2014 年），『みどり会誌』は，長良小学校というのは「逞しさ」に集約されるということでまとめました。私は「教科に生きる」ということと，「子どもの側に立つ」という，相反する二つがうまく融合して今があると感じています。また，根本は「子どもの側に立つ」ということで，そこが長良の「泥臭さ」と「逞しさ」に行きつくと思います。そういうところが校風に流れてきていると感じます。先輩方は，長良小学校を出られてから，行政的立場であられたり，その後も，ずっと五十年ぐらい長良の変遷を見られてこられたと思いますが，野村先生が残したものという観点で何かお話していただけたらと思います。

小林　八十周年『みどり会誌』に現役の先生方が書かれていますよね。あれを読ん

で，現役は凄いなあと思いましたよ。僕は刺激されました。いろいろ教えられました。現役はすごい耕しているなあと感心しました。教科部とか，そういう意味ではなく，一人一人の現役が，本当に自分の……何というか，極端にいえば，魂を込めて進んでいることが感じられ，それが響き合っている感じがしました。長良ってすごいなあと，今日の姿に感動しました。

司会 ありがとうございます。

現在の形になる大きな転換点として，ひらがな活動の「いずみ」「みずのわ」「土」「光」ができたということがあると思いますが，そのことについて，そのころにはもう，長良にいらっしゃらなかった先輩方はどのように見られてましたか。

西脇 「みずのわ」ができたのは，吉岡先生の時代かな？

小林 高橋彰太郎さんが，吉岡先生の後を進めていたよ。私はよく，高橋さんとゴルフをしたりして会いましたが，「みずのわ」の話をよくしていましたよ。

司会 さらに横山克己先生のときに構想が始まった気がします。私は「ひらがな活動」が「子どもの側に立つ教育」を具現していると感じますが，それが土台にあって教科があって，教科研究をしていても土台がしっかりしていることが大事だと思いました。生活づくりというか。先輩方のころからつながっているかどうか，話してみたいと思ってました。

小林 一貫しているよ，方向性が一貫している気がする。

西脇 「芳兵衛イズム」が残っているな。「子どもの側に立つ」という言葉ができるまで，長良小学校の研究発表会は，各教科でもちろんそれぞれ立派なんだけど，これらを通じて長良小学校全体として向かう教育目標がなかったので，そういうものを考えようということで，「子どもの側に立つ教育」という言葉ができた。職員会議で黒板に何度も書いた。言葉を学ぶための教室のようなものもしましたね。

小林 そうだね。何回も繰り返して，自分のものにしていったね。

西脇 だから外から見ているだけだと，合わない言葉で，もっとよい言葉はないのかと思われたかもしれないけれど，芳兵衛イズムが流れてきているという気がした。何か変な言葉ができたとか，どうしたらいいのかわからないというような感覚はなかったね。もうちょっと工夫できないかという意見はあったけれども，芳兵衛先生の精神が通じていると思いました。

「長良プラン」を推進したころの記憶

小林 加納小学校のコア・カリキュラムに対抗して，「長良プラン」をどのようにつくっていくか，随分話し合ったよね。

冨澤　加納小学校は，コア・カリキュラム推進校で，梅根悟が来訪して講演を行ってますよね。梅根悟は野村先生を尊重して，「長良には野村さんがいる」ということで，長良小学校に口出しすることはなかったようですね。その時代は，加納小学校はコア・カリキュラムでやっていく，でも長良小学校は長良小学校でやったらよいというような，お互いを尊重するような空気があった気がしますが，いかがでしょうか。

西脇　うん，当時，カリキュラムはそれぞれの学校でつくりなさいということで，全国的に行われていきました。岐阜県では，加納プラン，長良プランだけでなく，武儀プランというのもあった。武儀に下有知小学校という小学校があり，それが中心になって行いました。それから僕のいた海津の城山小学校が中心になって行った城山プランもあってね，他にも一つあったかな，五つぐらい何プランという名が付くカリキュラムがありました。全国的にもそういう風潮でした。尊重し合うといえばそうかもしれませんが，対抗するというより皆，俺のところが一番よいと思っているから，あそこを乗り越えてやろうとか，あそこに対抗しようとか，そういう意識はなかった。お互いに理解しあおうという気持ちはあったろうと思うけれどもね。

司会　今の私たちも，そういう意味では，加納小学校・長良小学校・長良西小学校・長良東小学校・岐阜大学附属小学校は，対抗意識があるといえばあるかもしれませんが，お互いに切磋琢磨しながら，お互いを理解しようというのはありますね。今いる自分のところが一番という気持ちでがんばっています。

小林　私は体育なので体育の話をすると，体育の学習指導要領は，当時，最終的に高等学校でどのようなレベルにいくかということで，中学校と小学校のカリキュラムが考えられていた。極端にいえば，僕らはそれをひっくりかえしたんだ。幼小中高と育っていく過程で，子どもを考えなければいけない。高等学校の目標を定めて，それに従って小学校の目標を決めるというのではいけない。体育では，技術指導や運動能力の点で，高等学校で目標となるところにくるために，小学校では必要になるものがあるという概念の方が強かったんですが，僕らは学校教育としてはそれではいけないと考えました。僕らは育っていく過程で体育教育が成り立つと考えた。

　現代において，選手教育というものに私は不満を感じます。オリンピックが今度東京で行われる（2020年）ということで話題になっているけれども，子どもの育っていく過程が，オリンピックに出場する選手たちによって，小さいころからの選手教育がよいというような思考になること，そうすれば英雄になるという

風潮ではいけないと思います。学校教育は子どもを育てることなんです。

　これは私の精神的な発言なので，変なことを言って申し訳ないですが。

　でもそのような育て方についての考え方は，芳兵衛イズムなのではないでしょうか。

司会　そういえば音楽の平田誠先生，今 57 〜 58 歳ぐらいで高山の方です。長良小学校で，やはりそのようなご指導を推進されていました。長良小学校は，教科書をつくる学校なんだと。たとえば，自分の担任をもった 1 年生の子どもが，音楽と出会ってどういう受けとめをするのか，その傾向を探りなさいとおっしゃっていました。そして，自分で考えて，目の前の子どもたちに合った発達段階の教科書を描くのですというご指導をいただきました。そういう指導は，長良でしか聞けませんね。目の前の子どもたちの発達段階を掴むことが大事だという指導です。

小林　私は，小学校から高等学校，大学へ訴えていかなければいけないと思いました。大学から発達段階を考えて下ろしてきたものに従うだけではいけない。そういう精神で，小学校で子どもたちを育てていかなければいけないと考えました。大学へこちらから資料を持って行ってお互いに考えなければいけない。

西脇　きちんとした言葉で説明できないけれども，やはりこれが芳兵衛イズムなんだね。

小林　そうです。そういうことが子どもを育てるということだと，芳兵衛先生は考えたと思います。教育をするというよりも育てるということですね。芳兵衛先生には僕は直接言葉で指導されたことはないから（何も言わない人だったから），親の背を見て学んだというのが一番適当かと思いますが。

**野村芳兵衛にもらった
手紙を披露する西脇成紀**

辻　岸武雄さんがおっしゃってましたが，教育はクラシックでなければいけないと。私はその言葉に同感しました。「クラシック」という言葉は，「歴史」とか「伝統」とかいう言葉に置き換えてもよいのではないかと思います。そういうことが大事なのではないでしょうか。

謝辞　座談会にご参加いただいた 7 人の先生方に，このような得難い機会をいただきましたこと，改めまして心から厚く御礼申し上げます。座談会の開催から 3 年を経ての出版となりました。その間，西脇成紀先生と武藤貞雄先生がお亡くなりになりました。両先生には座談会でお会いすることができ，本当に貴重なお話を伺うことができましたこと，深く感謝申し上げますとともに，心よりご冥福をお祈り申し上げます。

9章

座談会2
子どもの可能性を信じ，
独自な教育課程を創造する長良小学校

山住勝広

2015（平成27）年3月17日，岐阜市立長良小学校の当時の教務主任・**芳賀雅俊**先生（現・岐阜市教育委員会指導主事），生徒指導主事・**後藤靖弘**先生（現・岐阜市教育委員会指導主事），保健主事・**小島伊織**先生（現・恵那市立大井第二小学校教諭）にお集まりいただき，長良小学校の教育を語り合う座談会を行った。以下は，その記録である。

長良小学校が求め続けてきたもの………………………………………………

山住　本日はお忙しいところ，長良小学校のミドルリーダーといえる三人の先生方にお集まりいただき，お話をお伺いする大変貴重な機会をいただきまして，ありがとうございます。

　まずお聞きしたいことですが，非常に魅力的な長良小学校の教育実践の歴史を振り返ってみたときに，その伝統の中で，長良小学校の教師たちが一貫して求め続けてきたものは何だとお考えでしょうか。また，先生方は，その伝統の中にある，長良小学校の独自な教育の魅力や価値を，どのように感じておられるでしょうか。

芳賀　長良小学校には，二本の柱があると思います。それは，「子どもの側に立つ」と「教科に生きる」です。私は，当初この二つの関係がよく理解できませんでした。今となってやっと，この二つは，決して相反しない，むしろ表裏一体の関係にあると思えるようになりました。車にたとえると，それらは両輪の関係にあるように思います。

　「子どもの側に立つ」といったときに，私たちも，長良小学校に来るまでに，「子どもをよく見なさい」とか，「大事にしなさい」ということをよく聞いてきたけ

れども，それが，若さのせいもあって，まったく実感がなかったというか，わかったつもりになっていたんですね。しかし，長良小学校に入ったときに，「子どもの側に立つ」というのは，子どもの発達の段階や，ありのままの実態を大事にしなさい，子どもには子どもの必然がある，それをとらえなさい，ということであると実感しました。

　もう一つ，私は長良小学校に来てからは，子どもを信じるということを実感し，さらに，子どもを尊敬するという感覚ももてました。そのように変われたのは，やはり長良小学校で「子どもの側に立つ」ということを非常に言われたご指導のおかげだったなと思いますね。

　「教科に生きる」については，長良小学校で私は道徳を専門にさせていただいてきましたが，道徳の本質を，「内外主客の自己統一」，つまり内と外，主我と客我を統一することととらえています。これは，実は道徳だけではなく，他の教科にも波及して通じる考え方だと感じています。おそらく，長良小学校の教師は，教科に関する自分自身の研究を突き詰めていくとき，それは専門教科だけにとどまらずすべてに通ずるという感覚を味わっているんじゃないかな，と推察しています。

　以上の二つの柱が，大きな伝統だといえます。あとは，学校の風土，教師の文化として，バンカラ，野武士などとよく言われます。また，不驕不諂といいまして，おごらず，へつらわず，ということで，他者に対して，言われたことを単に素直に聞くだけではなく，自分の意見をしっかりもつということ。かと言って，謙虚さも忘れてはいけないという姿勢が伝統になっています。

　だから，今ここで，教務主任をやらせてもらって本当にありがたいのは，言いたいことを言わせてもらえることだととても感じています。普通の学校であれば，いろんなことを考えて，言うべきことが言えないんではないかなと思うんですけど，ここは，担任時代から言いたいことは言わせてもらえるし，逆に言ってもらえるという風土があったと思います。

後藤　私も長良小学校に来させていただいて，先輩方から，「子どもの側に立つ」や「教科に生きる」ということについて，よくお話を聞かせていただきました。その中で，やはり長良に来た以上，教師たるもの自らの専門性と人間性を磨ききって，子どもに向き合うべきだということが，求め続けられてきたと感じています。また，そのことが，長良に勤める教師にとって，魅力にもなると思っています。

　教科の専門性については，自分の専門教科，たとえば私でいえば社会科一点に本当に絞りきって勝負し，それを突き詰めて子どもと授業で勝負できる楽しさや

おもしろさを味わうことができる学校だということが，非常にありがたいことであり，喜びになっています。実は，そのように一つの教科を突き詰めて究めていくことは，他教科のことを学ばないというわけではなくて，本当に専門性を磨ききろうとする者同士が一緒に勤め，勝負することによって，お互いが高め合われていくことなのだと実感しています。そうした教師として専門性を磨ききるすばらしさというものが，長良小学校の求め続けてきたものであり，自分自身，これからも大事にしていきたいなと思っている点です。

　もう一点，教師の人間性ということに，「子どもの側に立つ」ということが非常につながってくるかと思います。やはり，私自身も長良小学校学校に来るまでの間，学級経営や教科経営などにおいて，「子どもとこうすればうまくやっていける」と思っていたことがありました。しかし，実際長良小学校に勤めてみると，先生方の子どもを見る目というか，かかわり方というのが本当に丁寧で，しかも，丁寧という言葉が少し軽く感じられるぐらい，教師が子どもと一体になっていて，子ども自身が今何を考えているのかを突き詰めておられるということが，とても感じられました。そして，そのことが，子どものたくましさを育てることにつながっているように思います。

　長良小学校で求めている子どものたくましさには，ただ力強いという直接的なイメージだけではなくて，子どもがもっている，ものごとに対する考え方の柔軟性やしなやかさ，あるいは教師が想像もつかないような発想の豊かさなども含まれています。そういう部分もきちんと見定めていく器が教師の中にないと，専門教科の研究だけ磨き合っていても駄目で，子どもと分かち合いができ，子どものよさを本当に味わえるような人間性をもたなければならないということも，長良では常々教えていただいてきたかなと思います。やはり，教科に生き，本当の専門性を磨き上げることと，子どもと一緒に，子どもとともに歩んでいく人間性を高めることの両方が，長良に勤める教員として求められているし，自分自身もそれを魅力に感じていますので，今後長良に勤める先生方にもぜひ，それを伝えていけるようにかかわっていきたいなと考えております。

小島　お二人の先生が言われたことは，私も何人もの先生に教えていただいており，本当にそこが自分自身，この長良小学校で一番学ばせてもらったことだろうなと思います。

　先人の求めることを求めるといったときに，やはり子どもを基軸に考えて，どこまで自分がやれるのかということが勝負になると思いますので，教育観や子ども像を確立していく営みが，先人でも，自分でも，とても重要なのではないのか

なというのが，僕が行き着いたところです。何も，先人がやったことだから効果的な教育だとか，これが長良小学校の伝統だから求めていきましょうということではなくて，求めようとしたことは何なのということを，同じように自分自身も問い続け，この目の前の子どもたちに何ができるかということをイメージしていくことと，そのためのスキルの部分を鍛えていくことの二つが必要かなと考えます。

　僕の中では，泥くささというのが，長良っ子のイメージです。自分自身も長良小学校の教員として，そうありたいなというところがあります。じゃあ，泥くさい子どもってどういう子かなと思ったときに，やはり後藤先生が先ほど言われていたように，スマートにものごとを考えるというのとは違う姿をイメージします。授業のあり方でいえば，僕も専門は社会科ですが，A，B，Cという視点から，今日の課題については解決できたね，とまとまっていくような授業ではなくて，Aという視点から，自分自身の生活がにじみ出てきたり，「いや先生，Dもあるし，Eもあるよ」って言ったり，そうだからA，B，Cを教師が合わせようとしても，子どもの方が「そんなの合うわけないやん」とか言ったりして，結局，収拾がつかなくなってしまうようなあり方が，泥くさい長良っ子の授業かなと思います。

　納得できるまで，事実や問題に対して，とことん追求していく。そのため，そう簡単に納得なんかはしないところが，やはり泥くさいということだろうなと思うし，自分自身が見たり聞いたり体験したりしたことでしか，やはり語れないというところを，一番自分の判断基準に置くということが子どもたちに大事ではないかと考えています。今の世の中，折り合いをつけることも大事にされますが，じゃあ，折り合いをつけるところまでこちらは十分主張したかということや，相手の主張をどこまで受け取って，それを自分の中でどれだけとらえ切ったのかということがなされないと，折り合いや終着点は見えてこないだろうなと思うので，そういう子を鍛えたいなと思っています。

　ですので，研究会などでも，それぞれの先生が，自分がやってきた専門的な見地から主張されますが，本当に相手を思いやったり，敬ったりするからこそ，こちらが簡単に納得しては駄目だろうという立場で僕も主張をして言っています。相手が言っていることを自分の中にストンと入れるためには，まず批判的にものごとを思考して，自分の中で整理していかなければならないんじゃないかなと思います。

　先輩の世代から教えられたことを単に大切に続けていくだけで，先人の求めていることを誤解してしまったら，それこそ伝統が大きく歪んでしまうんだろうと

思います。先ほど言ったようなイメージ化を図っていくとは，実際に子どもと向き合い，子どもをしっかり見ていくことを通して，研究と実感を一体化していくことなので，非常に難しい，時間のかかる営みになります。

長良の教師たちに共有されてきたもの……………………………………………

山住　その泥くささというのが，とても長良的なものとしてあるということに，足を運ばせていただく回数を重ねれば重ねるほど，だんだんと気づかされてきたところです。長良小学校は，小島先生がおっしゃったように，必ずしも子どもたちの「スマートな問題解決」という点で優れているわけではない，ということだと思います。むしろそうした通常の観念を崩したところに，長良の長良たるゆえんがあると考えられます。

　そうすると，長良の教師たちが共有しているのは，伝統的に継承されている何か決まった教育のやり方といったものではないということだと思いますが，先生方は，何が共有されているとお考えでしょうか。

芳賀　今，小島先生のお話を聞いて，そういうことかなと思ったのは，やはり，何か決まったこれっていうのがないんですね。ましてややり方はもっと決まってないですね。

　どんな子を育てたいかということも，具体的に教えられたこともそうないですし，むしろそれぞれ別の主任から違うことを教えられたりします。結局，子どもを軸足にして第一に考えたときには，誰もが行き着くところが同じになってくるのですね。

　ですので，教師が本質を突き詰めようとしたときには，違う言葉を使いながらも，それを転化することによって，同じ方向を向いて，話し合いできるのではないかなと思います。

山住　なるほど。長良小学校の先生方の姿勢や打ち込み方，そのひたむきさや情熱といったモチベーションの高さは，決して強いられたものではなくて，教師として歩む道をご自身で深く追求することに魅力を感じられて生まれてきたものだということですね。

　こうした自己探究心を，先生方は最初からおもちなのか，それとも長良にこられてからそういうスイッチが入るということなのか，そのあたりはいかがでしょうか。

芳賀　最初は，みんな，違うと思いますね。長良で大どんでん返しを食らいますの

で。長良にきた一年目は，今までの教育は何だったのか，今までの自分の授業は駄目だったのか，というところまで，自分自身を見つめ直さざるをえないように思います。

後藤 子どもの見方が，ガラッと変わるという印象ですね。それがおもしろいと思える価値転換のようなものが長良にはあります。ああ，こういうのって，そんなふうに考えられるのかといった変容が，授業でも，他の教育活動でも起こります。

　私など，一年目に来たときのことですが，たとえば朝掃除をやっている6年生の横を通ったときに「おはよう」とあいさつしても，あいさつが返ってこなかったりすることがありました。普通，何だよと思うわけですけど，長良の先生方は，「あいさつにも気づかないくらい掃除に打ち込んで，他のことが入らないくらいきちっとやりきることに没頭している姿だ」って言われるのです。そこで，「そういう見方もできるのか」と考えたとき，自分の価値観がやはり変わっていくのだと思います。そのとき，子どもってひょっとしたらそういう感覚でいたのかなあというように新たな見方をすることによって，次から横を通ったとき，子どもへのかかわり方や接し方，そして自分自身が変わっていったことを覚えています。

　いずれにしても，自分から求めていくということがまずなければならないと思います。その上で，そういう考え方ができるのだというハッとする瞬間や新たな価値観が見いだせる瞬間が毎日のようにあるというのが，長良小学校のおもしろさであり魅力であると思いますね。

子どもの見方から学ぶ教師……………………………………………………………

小島 長良小学校に来て，先ほど後藤先生が言われた，子どもの見方というところが，まず全然違うのだなっていうのを，一番インパクトとして受けました。

　それまでだったら，子どもがまず手をあげて，発表してくれて，意見がいっぱい言えたねというような感じで，前に述べたように，A，B，Cでまとまっていけば，いい授業だと思っていました。でも，長良では，子どもがそう言っている背景には，どういう思いがあるのだろうということや，子どもに資料を見せることである意味，ものをとらえるときの先入観を与えてしまっているのではないかということなどを考えるようになりました。子どもの自身の見方というのと，教師がいい意味でも悪い意味でもフィルターになってしまっているときの子どもの見方という場合との違いを，授業をしていく中で感じていったのです。

　子どものことをわかっているつもりだったけど，わかっていなかったのだとい

う思いになったときに，もっとわかるようになりたいと思いました。こんな簡単な課題を子どもに与えるよりも，もっとこの角度からやると，子どもは何て言ってくるのだろうとか，この物を見せたときと，この物を見せたときとでは，似ているけど子どもの反応って何か違うのかなとか，子どもらしさや子どもならどう見るのかについて考えてみたいと思ったのです。

　だから，校外学習に行ったときにも，「今までずっと歩いてきたけど，みんな歩いてくる中で何を感じた？」とか，「どんなことが印象に残った？」って，全然，前ふりなく聞いてみたりしました。そうして，子どもの見方をちょっと洗い出したりしてみると，へえ，子どもってこう思うのだっていうのがわかってきて，すごくその辺が楽しかったし，深いのだな，まだまだ全然，極められていないなと思ってやってきましたね。

芳賀　僕も長良に来るまでは，どちらかといえば，集団指導をきちっとするタイプで，子どもがきびきびしている，指示通りに動くことで学級経営ができていると感じ満足してきたわけです。それが長良に来て，子どもたちを学年集会でぴしっと並ばせて，座らせていたらいきなり，先輩の先生から，「子どもはああいうふうにぴしっと並びたいのか」って言われて，意味がわからなくなりました。並びたいのではなくて，並ばせなくてはいけないのではないかと思っていたわけですけど，要は，ここでぴしっとする意義まで，子どもに教えてあるのか，子どもに主体性はあるかということが問われているということなのですね。当時，その意義が，僕にはなかったものですから，ぴしっと並ぶこと自体が目的になってしまっていました。

　授業の中でも，子どもたちが「○○さんは，□□と言ったけど，僕は違う！」という感じで，脱線したことで言い合いを始めたことがあったのですね。そこで，私は，それを止めて，ちょっと話が外れているので元に戻すよって言ったのです。しかし，その授業の後で行われた研究会では，先生方からひどく叱られました。「あそこから本当の話し合いが始まろうとしたのに真剣な子どもがわからなかったのか？　なぜ止めたんだ？」って言われたのです。「なぜ」って言われても，話が外れているのですからって，こっちは言いたいのですよ。だけど，「子どもには，その子なりの必然があり，あそこで何を言いたかったのか，あなたは探らなくちゃいけないんじゃないか」って言われて，そのときは意味がわからなかったですけど，何か深いものがあるのだ，別の見方があるのだ，それは何だっていうことを，私は担任時代の6年間，探し，そして今も探し続けています。毎年，自分の教育観というのは変わっていくなと感じますね。

次期学習指導要領と長良小学校のこれから…………………………………………

山住 ここまで，長良小学校における伝統の継承についてお話を伺ってきました。次に，現在，中央教育審議会で進められている学習指導要領の改訂にかかわって，長良小学校の未来についてお聞きできればと思います。

　長良小学校が独自なあり方をしている学校だと強く思うことの一つは，戦後，日本の学校におけるカリキュラム編成が時代ごとに目まぐるしく変わってきたにもかかわらず，長良小学校の歴史を見ると，つねに，教師たちが子ども観や教育観を自分たちで練り上げ合い，ぶれることなく協働して独創的なカリキュラムを打ち立ててきているところにあります。しかし，それは，戦後における学校カリキュラム編成の歴史から遊離したものというわけではありません。むしろ，長良は，そうした学校におけるカリキュラム改革の歴史を非常に先取りしていて，そのあり方を先見的に切り開いてきているように見受けられます。

　次期学習指導要領ですが，改訂の柱となっている「資質・能力」の教育にしても，「アクティブ・ラーニング」にしても，明らかに学校教育のグローバル化に対応したものと考えられます。長良小学校は，カリキュラム開発や授業研究においてそうした言葉を使うことはなく，「ひらがな活動」や「たくましさ漲る授業」に象徴されるように，むしろきわめて独自な言葉，用語，概念でもって教育実践の研究開発を進めておられます。これは，通常の学校における研究開発の主題が，多くは外から新規に導入されたそのときどきのキーワード，たとえば「アクティブ・ラーニング」という用語を中心に設定されているのとは大きく違った長良の独自性です。しかし，そのような言葉を一切使わない長良において，私は，子どもたちの「アクティブ・ラーニング」が確実に実現されていると確信しています。

　そこで，次期学習指導要領とかかわって，これからの長良小学校におけるカリキュラム開発と授業研究について，お考えをお伺いしたいと思います。

芳賀 次期学習指導要領については，従来，教科ごとに指導内容を明示してきたのを転換し，その前にまずは各教科の境界を超えて目標になるような「資質・能力」を明確にして，それをふまえて各教科の内容を定め，次に「アクティブ・ラーニング」という学び方でその内容を身につけさせていくという流れだと思います。

　こうした次期学習指導要領にかかわっては，第一に，長良小学校で伝統的に一貫して研究の中心にしてきた「教科の本質」の中に，教科で学ばせたい「資質・能力」が含まれてとらえられてきたように考えています。また，そこでは，「教科の本質」にそくした学び方として，「アクティブ・ラーニング」もすでに含み

込まれて問われてきたと私は思っています。

　もう一つ，本校の教育目標の「自主」「連帯」「創造」「健康」の四つの視点が，まさに「資質・能力」を示していると考えています。教育課程の全体を通して，各教科と「ひらがな活動」がこうした四つの視点に沿って相互に響き合う関係になればいいのではないかと思います。言いかえれば，長良の教育課程は，その全体構想が，もともとそのように仕組まれたものになっているといえます。

　逆に，今，21世紀型コンピテンシーといった考えが出てきたことによって，長良の教育課程に仕組まれた全体構想が，より明確に見えるものになってきたように思います。現在，育成したい「資質・能力」の点から，長良の教育課程と教育活動の全体構想，その中での各教科と「ひらがな活動」の位置づけや関係について構造化し，整理して図式化する作業を全校の研究としてやっていこうと考えています。

　その際，長良小学校の「自主」「連帯」「創造」「健康」という教育目標が，政府の第2期教育振興基本計画（平成25年6月閣議決定）の中の三つの理念である「自立」「協働」「創造」とまったく一致していたことに，われわれは驚いたのですね。何でこんなに言葉が似ているのかと。それで，私は，余計に自信をもったわけです。なるほどと。この「みどり会」[1]が，発足以来，一貫して追い求めてきたものと，言葉が微妙に違うけれども，同じような理念が今，まさに出てきているじゃないかと思いました。ということは，「自主」「連帯」「創造」「健康」というのは，ものすごく軸になる考え方なのだなということで，自信を私はもったわけです。確かに，うちから出て行かれた先輩方は，この四つの言葉をよく使うのですね。そのことは，次の学校で，すべての教育活動を「自主」「連帯」「創造」「健康」の視点から見直した，あるいは新たな学校で，教育課程や教育活動をこの四つの視点で整理したというような話として，先輩方からよくお聞きすることです。

山住　長良小学校では，各教科の中で，どのような育成すべき能力や思考の目標を立てていくのかということと，「ひらがな活動」とを組み合わせて，「資質・能力」に迫っていくと考えておられるわけですね。

芳賀　そうですね。両者の関係を明らかにしようということですね。それは，単純

1　長良小学校に過去在職した先輩教師と在職中の教師たちの集まりの会。1934（昭和9）年，長良小学校が岐阜県師範学校代用附属小学校となったときに発足した。学校から見える金華山（山頂付近には斎藤道三，織田信長の居城であった岐阜城の天守閣が建つ）の緑に由来すると言われている。

に，国語，算数，理科，社会，「いずみ」，「いぶき」，「くらし」というふうに，帯を分割して並列的に時間割に入れていくというものとは違います。

　そうではなく，各教科と「ひらがな活動」というのは，互いに響き合う関係で，「ひらがな活動」で培った子どもたちの力は，教科にも生きてくると考えられます。たとえば，先ほどあった「泥くさい」という長良っ子の姿でいえば，「こどう」や「いずみ」で泥くさいことをやっていますし，土着的な体験活動をやっていますから，それが教科の中でも腰の入った泥くさい発言をしてくる子どもたちの姿につながっているように思います。また逆に，教科の中で身につけた見方，感じ方，内容が今度は「ひらがな活動」に生きてくるということも起こります。

　このように両者が互いに響き合い，生かされ合う関係にあることを見ていくことが，これから大事になってくると考えています。

子どもを人間としてまるごととらえることと学校の総合力……………………

山住　長良小学校を訪ね，その教育活動を参観して，誰しもが驚きの声を上げ，非常に感銘を受けるのは，長良っ子たちがそれぞれの活動を自分たちでつくり上げていく姿ではないでしょうか。たとえば，授業において，子どもたちの課題追求，一人一人のとても息の長い発言，そして子どもたちが仲間と力を合わせて内容を追求していく姿を目の当たりにすれば，すべての人が大きく心を揺さぶられように思います。

　こうした授業における子どもたちの姿は，たとえば「いぶき」のような「ひらがな活動」と結びつき，また「いずみ」であったり運動会であったり，教育課程の全体を通して，育てられていっているといえます。そうした長良っ子を育む教育課程の全体的な関連性を，どのように見ておられるでしょうか。

芳賀　それは，逆にいうと，子どもというものを分割して見ないということですね。子ども自身は，国語科の時間，「みずのわ」の時間と分かれて生きているのではなく，一日，一年と，それぞれの時間の中で連続して生きているわけです。それをわれわれが勝手に，たとえば国語科の時間の中だけで分けて見てしまっているのですね。今日の社会科の授業での子どもの発言は，その社会科の時間の中だけでみられてしまっているというように。だけど，その発言の背景には，一日のくらしがあり，家庭生活があり，行ってきたすべての授業があるわけですから，その授業の中だけで見るわけにはいかないのです。そのように背景を見ることによって，子どもは教育活動の全体で育つということをふまえることが大切だと思

います。

後藤　やっぱり子どもを見ていくときに，それが教科であろうと，「ひらがな活動」であろうと，根底というか，子ども自身がもっている価値観なり，ものごとに対する見方や考え方なりというのは決してぶつ切りになっているわけではないので，何をやっているときもその子のスタンスといったものは基本的には同じであると考えられます。そうすると，たとえ教科や「ひらがな活動」で区切って見たとしても，それらを通してある本質をきちっと見ていくことが大事だと思います。

　たとえば，先ほどの例をあげると，朝の掃除をしていた子どもが，あいさつを返してくれなかったと。同じような場面で，じゃあ今度，他の子に会ったら，本当に必死にやっているのだけど，チラッと目が合ったとします。そして，それとなくニコッとしたような雰囲気があったとすると。そこには，今度は朝掃除を一生懸命やっている姿もありつつ，やっぱり人と会ったときのコミュニケーションなり，その子がもっている，人に対してのかかわり方や，本当にそれこそスキルとして身につけているものが現れていて，それをいろいろ駆使した結果，あいさつするんじゃなくて，自分はここに夢中になっているけど，あの人もほっといてはいけないなって思ったという，本当にぎりぎりのところの判断だったということとかもしれないですね。

　だから，いかにそういう子どもの見方ができるかっていうことだと思います。その子の中で，ひょっとしたら，たとえば道徳の授業で，人とのかかわりっていうところとか，人とかかわるときにこういうことが大事だって学んだことが，何かのところで本人に落ちているからこそ，出た行動かもしれないですし。また，ひょっとしたら，「みずのわ」で担当の子とかかわる中で育まれてきた，人とかかわるときの大事なことが表出できたのかもしれないですね。

　そうした間違いなくその子の資質や能力として培われてきているものが，ふっと出る瞬間を大事にしなければいけないし，その表出を見逃さない教師でないと駄目なのかなって思います。われわれが考えている「ひらがな活動」と「教科」との結びつきも，直結っていうわけではなくて，子どもの中に脈々と流れている本当の資質や能力というレベルでこそ，それらの結びつきが現れると考えています。だから，子どもの見方で大事なのは，そのような資質や能力をいかに見届け，引き出してあげられるかっていうことかなって思います。

小島　確かに長良小学校には，長い時間かけてつくられてきた「ひらがな活動」の伝統があるので，そういう部分では，独自色が他の学校よりも多いかなとは思うのですけど，でも本来，学校って，そういう総合力はある場所だと思うのですよ

ね。

　掃除なら掃除でこだわって見たときに，それと教科って，共通して子どもについていっている力というのは絶対あるだろうし。遊びを一つ例にとっても，学級遊びをやっている中で，何かの問題が起きたと。その問題についてどうやって解決していったらいいと思うっていうことを話し合う，その問題解決能力は，社会科で培うものと変わらないと考えられます。

　だから，先を見通して，世の中全体で見ると，あらかじめこういうスキルを身につけなければならないということが文言として最初にあって，そこから今あるものを変えて，何かやり直さなければいけないというふうに思うよりも，今すでにある学校の総合力に，今後さらに自分たちとしては何にまなざしを向けていくべきなのかを考えることが，長良だろうがなかろうが大事なことだと思います。

　たとえば，社会科の授業でいうと，社会参画といったことが結構，求められてきていますが，岐阜県の社会科授業では，人の生き方を通した問題解決的な学習がよく実践されてきています。そのとき，成長社会じゃなくて成熟社会への移行において，必ずしも世の中バラ色の未来というわけではない状況があるわけですから，取り上げた人物の生き方に沿った自分の授業をどうやって変えていったらいいだろうということは考えます。でも，これは21世紀型スキルが求められているから，授業を変えるということではないですね。

山住　今日は，三人の先生方に長良教育の本質をつかませていただける貴重なお話をお聞きすることができました。今まさに進行中の教育改革，学校改革を見た場合，それが往往にして学校の外側に立てられた外在的な目標に向かって，新たな教育のやり方を外側から学校に導入するというものであるのに対し，長良小学校の先生方の取り組みは，学校の内側から，もっといえば一人一人の子どもの内側から，泥くさい長良っ子たちの内面における「たくましさ」，長良っ子たちの内面における「自主」「連帯」「創造」「健康」を育て豊かに実現されていこうとされる，強い意志ある姿勢を感じさせるものです。

　そこにあるものは，長良小学校の研究構想にある言葉でいえば，「よりよく生きようとするかけがえのない人間」としての「子ども」，「仲間とともに深く考え，よりよいものを求めて創造的に生きる人間」としての「子ども」，そうした可能性と潜在力を必ず秘めているすべての「子ども」に対する絶対的な信頼，そして毎日のくらしの中での子どもたちのたくましい育ちに寄せる心からの共感だと思います。

　私は，特別に準備された公開の研究授業だけを参観させていただいているので

はなく，本当に幸いなことに，長良小学校の懐の深さのおかげで，ごくごく普通
の日常の授業を前触れもなく自由に参観させていただく多くの機会に恵まれてい
ます。それだからこそ気づかされるのですが，長良では，「はい教科書何ページ」，
「そこのこの問題やって」といった授業とか，単純な課題の反復練習だけの授業，
それから事実レベルの暗記中心の教え込みの授業といったものはまったくなく，
魅力的な問題解決を仲間とともに協働で行っていくというような，日本の小学校
教育においてそのよき伝統として歴史的に追求されてきた質の高い授業が，すべ
ての教室で日々，つくり出されています。こうした自らめあてをもって意欲的に
取り組む学習，仲間とともに考えをつくり上げ，自らの考えを広げ深める授業と
いう非常に魅力的で高い水準の授業は，これだけ教育改革が喧しく言われてきて
いるにもかかわらず，現在，日本の学校の中で衰退してきているように考えてい
ます。この意味でも，長良小学校が，歴史の中で一貫して，学校の内側から，学
校が本来もっている総合力や潜在力を掘り起こしていくような教育実践を持続的
に生み出してきていることは，学校改革のきわめて重要なもう一つ別の道筋を，
子どもたちの育つ具体の姿で私たちに教えてくれているように思います。

　「みどり会」が発行している『みどり会誌』第 5 号（昭和 28 年 1 月）に，「附
属は何処へ行くか」という特集が組まれていて，当時，岐阜大学の附属であった
長良小学校の未来が論じ合われています。そのとき，校長だった野村芳兵衞も一
文を寄せています。その中で，彼は，「附属なんか何処へ行ったとていいではな
いか。そして，そんなことが，誰にわかるものか」と述べた上で，こう言ってい
ます。「何時でも，全力を尽くして生きている人間，そして，何時でも，十全に
育ちつつある人間，そう言う人間ならば，何処へ行っても，どんな境遇が来ても，
その人は立派に生き切って行くと僕は思っている」。こうして野村は，「今日の長
良附属は，何を問題にすべきか」と問うて，まず，「吾々は，教生に対しても，
両親に対しても，子供達に対しても，正しくこれを待遇するために，徹底的に人
格尊重の態度を身につけなくてはならない。又，凡ての人々が，生活適正を導く
ために，独立への道を身を以て体得して行かねばならぬ」としています。そして
次に，「又，各教科のよさを組織的に理解し，それを身につけることによって，
各教科のよさを生活適正に生かして行くように子供達を導かねばならぬ。その各
教科とも，その具体的な指導系統を実践を通して吟味してみねばならぬ」と言い
ます。最後に，野村の結びはこうです。「こうして，子供達も本気で生きるが，
職員も，両親も本気で生きて行ったら，必ず長良はよくなると確信する。だから，
附属は何処へ行くか知らないが，吾々が協力して本気に，今日の附属に生きる限

り，絶対に悪いところへは行かないと言うことを確信して，安んじて今日の附属に生きるべきだと僕は思うのである」。

　今日，現役のリーダーであられる先生方のお考えをお伺いして，野村芳兵衞・元校長が言った通りの「必ず長良はよくなる」との確信が自然に湧き上がってきました。本日は，お忙しい中，本当にありがとうございました。

10章

教師インタビュー
同行する教師たち——日々の苦闘と飛躍

山住勝広

　2015（平成27）年3月17日，当時，岐阜市立長良小学校の学級担任を務められていた現役の五人の先生方に，長良小学校での日々の教育実践において，子どもたちと同行する教師として学んでいかれていること，ご自身の成長につながっていると考えておられること，また，日々，苦しいけれどもやりがいを感じたり，喜びにされたりしていること，そして自ら挑んでいかれていること，大切にされていることなどについて，インタビューを行った。以下は，その記録である。なお，先生方のお名前は，敬称略で，担任学級，教職の年数，長良小学校での勤続年数は，すべて2015（平成27）年3月17日時点のものである。

▌▌▌ 宮川和文　5年1組担任教諭　教職11年目・長良小学校5年目

子どもの考え方を見つめて

　長良小学校では，教科の学習指導やその研究を通して，人生観や自分の生き方を示していきたいというように思い，ひたむきに取り組んできました。そうすることで，子どもたちに返していけるものをつくり出せると思っています。

　特に一番心に残っているのは，小島伊織先生と二人で社会科の「教科部」[1]になったとき，月一回，「部研」か「拡大部研」[2]かをやることに二人で決めて，4月から

1　長良小学校では，小学校教師として全教科の学習指導を担当しながらも，自身の専門教科をもち，その教科の学習指導に関し，それぞれがテーマを設定した「個人研究」に取り組んでいる。「教科部」は，そうした専門教科ごとに置かれた教師のグループのことである。長良小学校における教師の「個人研究」については，2章2節を参照されたい。
2　「部研」は，教科部ごと，「個人研究」のテーマにもとづいて実施される授業公開と研究会のことである。「拡大部研」は，「部研」を拡大し，長良小学校に過去在職した先輩教師を講師に招き，指導を受けながら行われる授業研究会である。いずれも，「個人研究計画」をもとに，仮説の検証や実践の目的を明確にした意図的計画的な研究授業に取り組むものとなっている。

毎月，教科で授業を公開しようっていうように進めていったことです。かなり精神的にも厳しかったのですけど，突き詰めてそれをやることで，子どもに還元ができるっていうことと，子どもの考え方っていうのが見えてきたっていうところがあります。三年目のときですが，そこが一番，教師観というものが変わったときになりました。

学び方の指導と子どもの生活経験

学び方を指導するというとき，一年目は，教育技術的にやってみようと思ったりしました。しかし，社会科部の先輩の渡辺千俊先生に，そこでバサッと切られて，教育技術の法則などないので，「子どもの意見をじっくりと聞くと，その子どもの生活観がわかってくるので，それをどれだけつかむかっていうことを大切にしなさい」っていうことを言われました。

朝の「いぶき」の中で，学級独自の活動として新聞記事を読むことをやっているのですけど，子どもたちがその「いぶき」の中でどんな発言をするかっていつも見ていると，やっぱり傾向が読めてきます。その子の生活観というのがわかってきますし，ここであの子のこういう発言が出るだろうなっていうふうに予想して意図的に指名すると，だいたいそうした発言が出てきます。

そのように，「いぶき」や授業の中で，子どもたちの経験とか生活観が必ず発言に表されてくると思うので，そこをくすぐるようにして，どんどんそういった経験はないかなって聞いていくようにしています。今の5年生の子たちを，3年生のときに担任していたので，そのときから，社会科の授業で資料と資料をつないで考えるということをよくやってきましたが，それだけでなく，生活と密着させて，自分の生活とどれだけ密着しているかという点を大切にして発言ができるようにつねに心がけてきました。それともう一つは，子どもの意見にじっくりと耳を傾けるということをやってきました。まだなかなか耳を傾け切れていない部分もあるのですけど，発言の中にその子らしさや生活が表されていると思いますので，やっぱり自分の中で，この子はこういう考え方をしていくからそういうところはいいなあとか，この子には違った考え方をさせたいなあと思って異なる考えとぶつけ合わせるとか，そういうことを考えて授業をやってきました。

子どもたちの主体的な問題解決を中心に

授業での課題追求では，子どもたち自身の問題意識が大切だと思うので，たとえば生活の中で，5年生だったら，学校のトイレのスリッパをそろえていこうとか，

窓を開けようとか，そうしたときに，自分だったらどうしていくのが一番いいのかっていう最善の方法を考えさせるようにしています。すべて同じようにやらせるわけではなくて，その子なりの考えや意見をちゃんともたせるのが，結局は主体的に生きることになってくると思っています。問題を突きつけることは私にできることですが，そこから考えていくことは子どもたちがしていくように，いつも迫ることをしています。たとえば，話をするときに，「あなただったらどうするの？」っていうことをつねに問うていくことを，特に1学期は繰り返しやって，問題解決のベースになることをしてきました。

　5年生の今の子たちには，一つの解決策を出していける合意形成の力をつけさせたいと考えています。もし自分が引き続き6年生をもつとしたら，「もっと多様に考えを出そう」と投げかけて，それから「そこでベストは何ですか」って言っていくと，その考えはちょっと違うでしょっていうように，より根拠を明確にした意見が出せるようになると思っています。つまり，何か一つを解決できたっていう喜びを味わった上で，今度は本当に最善の策は何かを，もっと対立して張り合うぐらいに追求していくというように，自分の中ではしていきたいと考えています。

校外学習や修学旅行での子どもたちの追求

　校外学習で工場に行ったときには，クラスごとに分かれて質問の時間があったのですけど，ある子は自分で勉強してきていて，もらったパンフレットについても，「それもう僕，知ってるけど，それ以上のことないの？」っていったりしていたのです。それで，実際，「環境の取り組みをするとしたら，まださらにどんなことを考えていますか」という質問などをしたのです。そうしたらやっぱり，ガイドさんがたじたじになって，「それ以上はちょっと。今はこういったことをやっています」っていうお返事でした。

　子どもたちは，より新しいことを求め続けていかなきゃならないと思っていて，「もうちょっと中が見たい」というふうに言ってくるのです。私は，そういう子どもたちの探究心こそが本当の追求だと思っています。だから，結構ガイドさんがサーっと流していくことについて，「ちょっとここどうですか」というような質問をしたりするのが，長良小学校の子どもだと思いますね。

　それは修学旅行でもそうで，普通はみんなでぞろぞろと見て回るわけですが，長良小学校だと，奈良の法隆寺で「エンタシス」に抱きついたりするのです。柱の真ん中のあたりを抱えて，何メーターって測って，それから上の方まで測って，腕のあたりがすすで真っ黒になっているのです。それで，「やっぱりここのところが太

い」って調べている姿に，僕らはうれしくなりましたね。また，「玉虫厨子」を調べるときには，「どこが光っとるんや」って，みんな，ライトで照らしていたら，警備員さんに叱られるっていうこともありました。本当に調べるのだったらとことんやるっていうことで，「七つ道具」とかいうものが，社会見学や修学旅行での調べ学習の伝統として脈々と受け継がれています。

学習を通して自分の考えをもつ

　社会科の授業では，教材を魅力的にすることが一番決め手になると考えています。教科書を通り一遍に教えても，子どもたちの学習意欲は確実に落ちるように思います。やはり，何か新しいものが次に出てくるのではないかなとか，これからどういう展開になるのかなとか，物語ではないですけど，先が読めずに，ある人物が出てきたらこの人はどういうことをやったのか調べたいなあっていうように，またその人の生き方がすごいなあと思ったらもっと調べたいっていうように，まずは子どもに追求の意欲が生まれることが一番大切だと考えます。実際，長良小学校でずっといわれているのは教材開発の重要性ということで，教材開発をいかに行うかによって，子どもの既有の学力で決まってしまうのではなく，学習意欲は確実に増すということを実感しています。

　学力という場合に，たとえば資料の読み取りの力であったり，この言葉とこの言葉を使って説明する力であったりということであれば，本当にテクニックなので確実につけることができますが，自分の言葉で話ができるかっていうようになると，これは別だと思うのです。そのように自分の言葉で話すとなったとき，長良小学校の子たちは自分がしっかり考えをもっているので，そこはやはりたけていますね。それを突き詰めて考えると，長良小学校では教科だけではなくて，「いぶき」の時間などで自分の考えを表明したり，自己の生き方をしっかりと話したりすることが教科の学習に直結しているので，何かそこにいつも自分がどうしたいかとか，自分がどうしたらいいのかっていうことを考えていく力が，一日の生活の中で継続的に育まれていて，そこに強さがあるのかなというように思います。

自ら意欲的に学ぶ子どもたちに対する喜び

　やはり，授業が終わった後で，子どもたちが自ら調べることをやっていくというのがうれしくて，僕の喜びになっています。最近，一番印象に残っているのは，森林の授業をやって間伐の話をしたのですけど，そのとき，同時に，エコクラブで子どもが，長良の森林に入って，水源林が本当に今の状態でいいのかっていう調査を

やった報告書を全部，僕に見せてくれたのです。「先生，岐阜放送のテレビに出たので，これ見て」って言いながら。

　そこまでやったということは，本当に意欲的に学び，自分の生活に返そうとしている姿なわけですから，これはうれしいなあって思いました。また，たとえば「先生，鵜飼って農業遺産になったよね」とか，私自身の研究が「環境」[3]にかかわっているということもあって，そうした「環境」にどんどん目を向けていける子が育っていくことが，ああいいなあっていうように思っています。

▌▌▌福地浩太　3 年 1 組担任教諭　教職 10 年目・長良小学校 4 年目

「ねばならない」から「そうでありたい」への転換

　私は，長良小学校に来る前，6 年間，二つの中学校に勤めておりまして，中学校での教育の経験しかありませんでした。長良小学校に来て初めて小学校の子どもたちとの生活が始まったわけですが，本当に教育というのは子どもをどのように育てるかということがすべてなので，子どもをどのようにつかむかということですとか，そのことからどのような指導が手立てとして有効なのか，そしてその数はどのくらいあるのかとか，そんなことすべてについて，先輩[4]の先生方から学ぶ機会がたくさんありました。

　今日も実は公開授業をさせていただきましたが，本当に日々，一時間の授業であっても，自分が何かをやるごとに，それはもっとこうすべきだよとか，こんなやり方もあるよというように，いつも周りの先生方から意見を返していただいています。長良小学校で教員をしていれば，このように自ずと自分に返ってくるものがあります。それは，何か研究授業をとてもがんばったとか，指導案をこれだけ練ってつくったというときでなくても，たとえば明日でも，その次の日でも，先輩でも，後輩でも，別の違う先生とお話しすることのすべてにおいて起こってくるものです。つまり，自分と違う見方をしていたり，あの子のこういうよさがあったよと教えてもらったり，ああそういうとき困るよねって言いながらも，僕だったらこうするよという話をつねにできる環境であるので，本当に日常がすべて学びだなということを実感

　3　宮川先生の「個人研究」のテーマは，「環境と人々の営みとの結び付きをとらえる社会科指導の在り方〜環境を大切にし，環境に応じて働きかけをする子を目指して〜」である。

　4　長良小学校で「先輩」といった場合，長良小学校に過去在職した先輩教師も含まれている。長良小学校では，対外的に公開される研究会はもとより，校内での全校研究会や教科部ごとの研究会，また日々の通常の授業にこうした「先輩」がいわば日常的に訪れ，授業を参観して助言者としての役割を果たしている。

しています。

　これはあくまでも僕の考えですが，初めての小学校として長良小学校にやってきて，岐阜県の「研修校」[5]ということで，最初の一年目は本当に苦しかったです。月に一回，公開授業をやらなければならない。そして，職員会や指導部会[6]の場は研修だよ，だから自分の教育観を話さなければならないっていう構えですから，まずは本当に無我夢中でした。教員を辞めるという選択肢はないものですから，なるがままというか，まるで荒波の中に入ったような感じで一年がすぎていきました。

　しかし，その「ねばならない」でやっていったものに対して，返ってくるものの大きさが徐々にわかってくるようになりました。たとえば中学校で生徒指導に苦しんだ経験からすると，こんなやり方もあったのではないかなというように，自分で考えることのできるバリエーションが増えてきたり，「姿勢を整えるよ」という指導一つとっても十通りくらい考えられる自分になってきたり，自分がよりよくなっていくことがわかってきました。また，教育について，これだけのことは自分で語れる，これってこういうことだよとか，こういうように子どもを見るといいよとかいうことを，自分として話すことができるようになってきたとき，そんな見方の自分になっていることを，ある意味で「客観視」できるように変わってきたのだと思います。そのような自分の「客観視」が上回ってきたときに，「ねばならない」が「そうでありたい」という自分発のものになってきたかなっていう気がします。

　長良小学校では，三年に一回，研究発表会をしています[7]。僕の入った年は，一年目のときがちょうど三分の二年目にあたりまして，二年目のときに第38回の研究発表会がありました。そうした研究発表会は，長良にきて何年目であるとか，教員経験年数が何年であるとかにかかわりなくめぐってくるものですから，自分で自分の研究というものを立ち上げる，そして今まで経験したこともない数の多くの参

5　長良小学校は，1934（昭和9）年5月，岐阜県師範学校の岐阜市加納から岐阜市長良への移転にともない，その代用附属となって以来，1954（昭和29）年4月に岐阜大学附属小学校が創設されるまで，岐阜市立の小学校でありつつ同時に，師範学校，そして岐阜大学の附属小学校でもあった。この伝統は現在も引き継がれている。そのため，長良小学校には，①「研究発表校」，②「研修校」，③「教育実習校」といった三つの「使命」が掲げられている（『平成28年度岐阜市立長良小学校教育課程』p.4）。そのうち，「研修校」としての「使命」についていえば，長良小学校には「自身の指導力向上を図るべく県内各地から多くの教師が赴任」しており，長良小学校での「研修」の後，「他校へ勤務地が変わった際，学校運営を担う立場としての期待」に応え，「いずれは岐阜県教育の質の向上に貢献していくことになる」ことがめざされているのである（同上書，p.4）。

6　長良小学校では，「学習指導部」「生活指導部」「保健安全指導部」の3指導部体制がとられている。指導部会は，各指導部の会議である。

7　「研究発表校」としての長良小学校は，3年に1度，3年間にわたる研究の成果を公表するための「研究発表会」を開催する使命を担っている。3年の間の2年については，第1年次，第2年次の「中間研究会」がそれぞれ実施される。

観者に囲まれて授業するという機会にそこで必ず出会うことになります。僕の場合，それがちょうど二年目にあったものですから，「ねばならない」が「そうでありたい」に変化するときと大きな研究発表とがそこで重なったわけです。そのため，自分の中では一年目は苦しかったですが，そのようにして長良小学校で働くことのやりがい，仕事に対する気概というものに，自分の中で受け止めが変わっていったのだと思います。

「いぶき」の担当者として

　「ねばならない」から「そうでありたい」への自分自身の変化でいえば，たとえば長良小学校の「ひらがな活動」でも，最初はもう，どの言葉がどの教育活動なのかわからない状態でスタートとして，一年目が終わっていきました。けれども，ありがたいことに，私は，一年目で最初に担任したのが６年生で，「みずのわ」という本当に大きな意味のある活動に取り組むことができました。また，そのときの学年主任は小島伊織先生で，長良小学校の隅から隅までを熟知されて自らの姿で示される先輩について２年間ずっとお世話になり，学ばせていただきました。おかげで，「みずのわ」の意味や目指す子どもたちの姿について，自分の言葉で語れるようになってきました。つまり，長良小学校に身を置いて，どういうように取り組んでいくと，今までに出会ったことのない子どもが育つのかを考えたり，そうした取り組みができるような力量をどのようにつけていくのかがわかってきたりしてきて，長良小学校での教育に自分自身，気概をもって本当に向かっていくことができるようになってきましたね。それで，ありがたいことに，昨年度は，その「みずのわ」の担当者，そして今年度は，「いぶき」の提案者をさせていただいています。

　現在，各学級での「いぶき」実践を集約して，来年度の研究発表会までの「いぶき」の歩みと長良小学校全体としての「いぶき」の提案をつくり出していくことを自分に課しています。その際，口だけでは何とも伝わらないので，自らの学級経営を通してみんなにやってほしいことを示すという思いから，今年度は必死でしたね。

　従来から「いぶき」の実践は，目的的に生活するというサイクルを子どもの中で習慣化して生きぬく力にしていくことを目指したものです。それは変わりありませんが，今日の社会背景や次期学習指導要領で育成しようとしている「21世紀型能力」など，教育の現代的な課題に対して，何か新しいものをもってくるのではなく，これまで長良小学校で続けられてきた「いぶき」の実践によって挑んでいこうと考えています。そうした歩みの中で子どもたちに力をつけていきながら，従来の「いぶき」に新しい意味づけをしていって主張していこうという考えです。昔とはやはり

目の前の子どもが違いますし，当然，子どもに対する担任の見方というものも違ってきています。また，最近，学校教育において盛んに議論されている「汎用的な能力」や問題解決に対する子どもの「自己肯定感」の弱さといった今日的な課題を解決するような，特色のある手立てを長良小学校が継承してきた「いぶき」の中に盛り込んで，上乗せして主張していこうという流れで取り組んでいます。

たとえば，「自己肯定感」という言葉が出るよりも以前に，長良小学校では子どもを教師が，本当に心から素敵な子ととらえて全力でほめるということを，「朝のいぶき」や「帰りのいぶき」で先輩方が大切にして実践されてこられました。そういうお話や講話を聞いたり，実際に先輩方の「いぶき」の指導案やビデオも見させてもらったりして，やはりその中で育つ子どもというのは元気で「自己肯定感」が高いことがわかってきます。今，教育界では，まさにそのことが課題視されてきているわけで，その解決策の一つとして「いぶき」を主張できるのではないかと考えています。その点をより明確にとらえ，「いぶき」の今までのやり方，手法にさらにそれぞれの教師が自分らしさをつけ加えながら主張していくわけですが，その際，あくまでも長良小学校で先輩方が代々やってこられた，全力でほめるというスタンスは揺るぎないもののように思います。

「いぶき」における学級独自の活動

今年度，「いぶき」の担当として，何か自分のカラーを出して，「いぶき」の中の学級独自の活動を実践しようと夏休みに悩んでいました。そこで考えたのが，自然見つけの活動で，子どもが日常生活の中で自然と触れ合って見つけたものを学級のみんなの前で見せて話すということを「朝のいぶき」で毎回，二人ずつ行っています。この活動をやることによって，子どもは一生懸命，自然を見るのではないかと考えたのです。また，みんなの前で話すということによって，一人一人が自分らしさを発揮できるし，みんなが自分の話を聞いてくれたり，また自分がみんなの話を聞いたりすることによって，学級に互いの支持的風土が生まれることを期待しました。

「これが私の宝物だよ」と，少し緊張しながらもみんなに話すと，「それすごいね。見たことない」とみんなが聞いてくれるという活動の中で，僕が個人研究[8]のテーマにしている自然や生き物を通して人と人がつながっていけることがわかってきて，

8　福地先生の「個人研究」のテーマは，「成長をとらえ生命を実感する指導の在り方〜生きている証拠をつかむ観察を通して〜」である。

とてもすてきなことじゃないかなと思っています。

　この自然見つけは, 最初は僕がエノコログサをもってきて, みんなねこじゃらしって言うけど, 「ねこじゃらしじゃないらしい。エノコログサっていうのだって」と話したことがきっかけで始まりました。そのとき, 「こんな遊びができるよ」っていったら子どもの方がいっぱい知っているということになって, みんなに, 「自然のこといっぱい知っているね。じゃあ教えてくれるでしょ」って呼びかけたら, 「はい」となって, 次の日から子どもたちが次々と話していったという流れなのです。だから, 最初からこういう効果が絶対あると思って取り組んだものではありません。やはり, 長良の先輩方がやってこられたように, ああでもないこうでもない, あれをやってみよう, これをやってみようという, 何か生み出そうとするエネルギーが大事だと思います。長良小学校の職員にはそうしたエネルギーがあるので, 取り組んだことのうち, 八割方が消えていったり, 無理だったなとなったり, 少し強引だったなとなったりしたとしても, 何かよいものが自分の手ごたえになって残っていき, それが自分の力になっていくと思っています。決してまねだけをしているのでないからこそ, 個人研究が成り立つのかなと考えています。

観察から始まる理科学習

　私は, 大学の教育学部で生物学科を出ていて, 本当に根っから, 小学校の小さいころから生物が好きで, どうしてそういう自分になったのだろうということを, 長良小学校に来てから, ノートにまとめたことがあるのですよ。

　そういうことを今の子どもたちと共有できたらいいなということだけが出発点で, 何か理論的にこういう効果があるからこう授業をするというようには考えていなくて, また特別な知識もなく, むしろ直感的にやらなければならないというところに追い込まれたような感じで, 心底, 自分の生き方といったものから生み出すしかないなと思いました。そこで, このように自分は理科が好きなものですから, 「理科が好きになったきっかけをみんなと一緒にやろう」と考えたわけです。それで, 長良小学校の一年目のときに, 魚の解剖やったのです。それは, 自分が小学校6年生のときに一番覚えている授業だったからです。

　その後, いろいろな先輩方に, 生物というものを極めるなら「こういうことを大事にしないといけないよ」とか, 「これでは命を見たことにはならないよ」とか, 本当に多くのご指導をいただいて, 自分の授業観が固まってきています。その中で, 授業を仕組むときに一番大切にしていることは, やはり理科において最も道具になる, 自分の五感を使って自然を調べるということですね。実験は, 何か手を加えた

り条件を統一したりして器具を使ってやるものですが，それ以前にどんな子でもできる理科は観察なのですよ。

　さらに，物理・化学・生物・地学とありますけど，小さい子は，最初は必ず，生物から入る。絶対，生き物に興味をもつというところが，人間の理科の始まりなのですね。僕は，それを，自分なりにですけど発達段階ととらえて，小学校で理科を一番初めに勉強する子には，観察力と生物のことを扱っていけば，必ず理科好きで生き物大好きな子になるという信念をもって，授業に取り組んでいます。そのことを長良小学校で今年度初めて3年生を担任して，子どもたちとがんばろうと思ってやってきています。

　3年生でも，2学期以降，物理，化学の授業が増えてきます。この間もゴムの車の実験をやりました。そのときも，ゴムってどのような感じか手で観察すること，味わうことだとか，「何メートルいった？　目で見てごらん？」とか，自分としては実験をやっているという感覚よりも，「そのことを目で見て確かめて観察してください」というスタンスで授業しました。

学年と教科を超えた観察学習

　理科教科書の単元配列を見ると，小学校のすべての学年で，やはり季節的なこともあって，生物単元が最初にありますね。だからそのことも自分の武器にしています。生物単元から理科学習が始まって，どんどん条件統一だとか，値の客観性だとかという見方に発展していけばいいわけで，どの学年も必ず自分一人の観察の学習から単元が配列されているので，そのことが授業づくりの一番の根幹です。

　また，どの教科でも，たとえば道徳であっても，主人公の行為について，「あの子がこういうしぐさだからこういうこと思っていると思う」などのように，観察を通して学んでいくことができます。算数でも，メジャーとかはかりとかをもってきて，まず，「目盛りがある」ことなどをいろいろ観察させ，「じゃあ，重さの勉強をするよ」なんていうように，いつも観察することから始めると，子どもたちから興味がわいてきますよね。

　今年度は，僕にとってはまた自分自身の伸びを実感できた一年で，本当にありがたいなと思っています。理科を始める本当に最初の学年である小学校3年生をもたせていただきました。クラスの中には，それぞれのよさと個性をもった子どもたちがいます。その子どもたちに共通しているのは，観察は誰もが好きということですね。観察が嫌いというのは子どもじゃないというぐらい，何か物を出せば見たい触りたいという欲求が子どもたちには絶対あります。小難しい値は何ですかとか，

どんな「きまり」がわかりましたかとかいう以前に，これからどんなことがわかるかという観察そのものまでは必ず全員が意欲をもてるという自信はありますね。

　だから，まずは，自分は理科をする目をもっているし，手をもっているし，理科が好きな私なのだということが実感できるように，理科学習に取り組ませたいと考えています。そうすれば，中学校に進んでも，理科に意欲をもってがんばれると思うのです。

▌▌▌ 楯　朝忠　3 年 2 組担任教諭　教職 14 年目・長良小学校 2 年目

本質を求める長良小学校

　長良小学校が，今までに勤務していた学校と本当に一番違うところは，職員の方が，いろいろなことの本質を求めるということだと思います。子どもの指導一つにしても，たとえば廊下は走らないものだという指導や，給食は静かに放送を聴きながら食べるものという指導のように，暗黙の了解であったり，当たり前とされていたりすることについて，突き詰めていくというその突き詰め具合が，やはり他の学校とは全然違いますね。

　ですから，長良小学校では，自分の積み上げてきたものの土台を確かめるような感覚になることが多いですね。子どもへのある一つの指導に関し，なぜそれをやっているのかと聞かれた場合，以前でしたら，今までやってきたからとか，先輩の先生方がやっていたからまねをしているとかいうことが多かったように思いますが，長良小学校ではそうではなく，一人一人が自分自身の答えをもちながらやっているような感じがします。

　私自身，長良小学校に来てから，何よりも子どもの意識の流れを考えて指導するようになりました。掃除一つにしても，「静かにやるのだよ」という指導はこれまでもしてきたのですけれど，今は，静かにやらなければいけない意味をまず語って，その子がそれに対してどう感じながら掃除をしているかなということを考えるようになりました。

　6 年生だと，全校のリーダーだからこの活動をやりますというところからスタートだったのですが，長良小学校では，なぜその活動をやりたいのかということを子どもと話しながら，子ども自らがその活動を意欲をもってやっていくことができるように心がけています。こちらがすでにあるものを与えていくのではなくて，子どもと話すことからつくっていく感じがします。

学級の「合言葉」に向かう毎日の生活

別の例では，学級の「合言葉」[9]があります。これは，学級目標というかたちで，他の学校にもあるものです。普通，この学級目標に関しては，どちらかといえば，年度当初に決めて，それぞれの学期の終わりや，節目となる行事などのたびにどうだったかなと振り返るというやり方をとります。以前はそのようにやってきたのですが，長良小学校では，まったく違っていて，本当にもう毎日が「合言葉」に向けてどうだったかという振り返りをしていくことが求められています。ですから，ある取り組みに向かって，最初に意識や姿が高まっていって，その後，下がり，最後にぐっと上がるといったかたちではなくて，つねに高まっていく意識で「合言葉」に取り組んでいます。

たとえば，掃除にしても，私のクラスは「伸びる〜自分で・みんなで・新しく〜」[10]という「合言葉」なので，日々の活動において，「今日の掃除で何が伸びたのかな」という聞き方をしますし，「今日伸びたことをお話ししてみて」っていうと子どもは何かそれに返してきます。生活の中でつねに意識していく言葉だから学級目標という呼び方をせずに，いつでもどこでも使えるっていう意味で，それを「合言葉」として，学級で日々取り組んでいます。

教室の後ろに掲示してあるメッセージは，「合言葉」に向けて子どもたちが今日一番輝いたところを教員が見つけて書いていったものです。これも，いろいろな学校の先生方が，掲示されているかどうかは別として，帰りの会で話されていることだと思います。しかし，長良小学校では，「合言葉」に向けてすべての教育活動を仕組んでいくという点が厳しく求められています。つまり，今まで何となくやっていた教育活動もすべて「合言葉」につなげていくということですね。そこでは，何か新しいことをやっていくというよりは，今までやってきたすべての教育活動を「合言葉」にリンクさせて集約させていくということをやっています。

子どもに寄り添う一日の中で

長良小学校で私は，とにかく子どもに本当に寄り添って一日を過ごすということをずっと教わってきているので，子どもが伸びたことがとてもわかるようになりました。今まで勤務した学校ですと，朝，子どもたちの玄関を開けてからふたたび職

9　学級の「合言葉」は，長良小学校のすべての学級において，担任と子どもたちで決めて設定されている「求める学級像」である。3章3節「『合言葉』で貫く学級経営」および6章を参照。
10　楯先生は，この「合言葉」のもと，求める子どもの姿・学級像を次のように描いていた。「自分の意見をもち，互いのよさを認め合い，仲間とともによりよい生活を考え，生み出すことができる学級」（岐阜市立長良小学校・PTA『平成26年度 長良の教育』p.30）

174

員室に行って授業の準備などをしたりする時間をとっていたのですが，長良ではそれは一切なくて，朝，玄関を開けたらずっと子どもにつくというスタイルでみなさんやっています。

　ですから，朝の会が始まるまでの子どもの動きをもちろん知っていますし，休み時間には子どもと一緒に遊びますし，掃除も子どもと一緒にやります。そうして，下校まで本当にずっと子どもと一緒にいるので，その子のわずかな成長がとてもよくわかります。掃除に対しての取り組み一つもそうだし，係活動もそうです。たとえば，給食の前に消毒をする係がいます。昨日は普通にシュッとやっていただけだけれども，「一人一人に合わせるには，どんなやり方があるかな」とか，「みんなが確実にやれるようにするためにはどうしたらいいかな」というような声かけをすると，今日は人数を数え出したりとか，次の日は「名簿をください」ってチェックしたりするようになります。このように少しずつ変わっていくので，「よく考えたね」って言ってあげるとどんどんやるようになっていく，そうしたいい循環がたくさん生まれていくところがすごくおもしろく思います。

　長良小学校では，本当に子どもと教員の距離が近いと感じます。長良小学校以前に勤務した学校での自分の過ごし方は，子どもから離れる時間も多かったので，係の活動を子どもがやろうとしない時期が出てくると，その要因まで目を向けることができず，「どうしてやらないの」という叱りの指導が入ってしまうことも多くありました。先ほどの上がり下がりのことでいえば，中だるみになって下がった地点で，叱ることによってやりきる姿を求めていくようなやり方です。それに対して今は，子どもがやろうとしていることがさまざまな生活を向上させて，よくわかってそれを見守ることができるところがおもしろいですね。

社会科の地域学習における子どもたち

　社会科[11]の授業での子どもたちの資料の読み方は，大きくは，「わかること」と「考えられること」の二段階があるととらえています。3 年生なので，まだ，経済や人のくらしの面から分析的に見るということは考えていなくて，資料から何がわかるかがまずいえることをねらいにしています。そして，次に，そのわかったことからいえることは何かなと，ここからは想像していく世界ですが，考えられるようになることを目指しています。たとえば，「色が赤いから目立つようにしているのではないかなと思う」のように，「わかること」と「考えられること」を区別して，子

11　楯先生の「個人研究」のテーマは，「地域社会人を育てる社会科指導の在り方」である。

どもの話を聞くようにしています。

　また，たとえば，3年生の地域学習では，地域の伝統的なものを残していくことに関する単元がありますが，そうした地域独自の伝統を取り上げるときに，そのいわれや起こりを調べていくと，「江戸時代」が出てきてしまったということがありました。お侍さんの時代だよっていうことを伝えて，教室の前の方に簡単な年表を貼りました。一般的にいくと，3年生では，お父さんやお母さんが子どものころとか，おじいちゃんやおばあちゃんが子どものころというところまでですが，「江戸時代」はそれよりもさらに前なので，だいたいお父さんやお母さんが子どもだったころと，おじいちゃんやおばあちゃんが子どもだったころとの間ぐらいが五十年前でとか，もっとおじいちゃんが子どものころとおじいちゃんの子どものころとの間が百年前でとか，そういうふうに切っていって，何とか「江戸時代」までつながるようにしました。でも子どもの様子を見ていると，「江戸時代」や「昭和時代」，「平成時代」にはとても興味をもっていて，あの場で教えてしまっても，子どもは知りたいという意識の流れだったので，大丈夫だなというのは感じました。

▌杉野　翼　6年1組担任教諭　教職5年目・長良小学校2年目

子どもの側に立つ

　長良小学校では，「子どもの側に立つこと」を基本に教育活動に取り組んでいます。授業を仕組むときも，学級経営をしていくときも，子どもが今何をしたいと思っているかを最初に考えるようにしています。授業でいえば，「どのように導入をすれば子どもが興味をもってくれるかな」や，「それをやりたいと思ってくれるかな」についてまず考えて，学習を仕組んでいます。自分の感覚としては，前の学校と比べると，長良に来てそういう考え方をするようになりました。たとえば，学級経営でも，担任として「こうやっていこうかな」とかではなくて，子どもが「こうしたい」「これやってみたい」と自分たちからいうように仕組めないかなあという考え方に変わったなと思いますね。

　私は，昨年度，5年生の担任をさせてもらって，今年度，その子たちをもち上がっています。昨年度，長良小学校に来たときに，よくしゃべる子どもたちだなっていうのが最初の印象でした。担任として，こういうことを一年間通してやっていきたいなっていう思いをもって4月，子どもたちの前に立ったつもりだったのですが，何かやるたびに，子どもたちが発信してくれることが多くありました。だから，自分自身，今もまだまだですけど，こうやってやろうかとか，ああやってやりたいなっ

ていう自分の思いを出すと，子どもがすごく素直に反応してくれるのです。昨年度
5年生だった子たちは，それまでの4年間，この長良小学校で先生方に育ててもらっ
ていますから，自分たちでやろうとか，自分たちでこうやってみたいっていう感覚
やそれを伝えてくれる力がとても身についていました。このように，子どもたちの
発信がすごく多くて，そのために，自分は今まで結構押しつけていたなと感じるこ
とが昨年度の1学期にすごく多かったです。そのことを子どもから教えてもらい
ました。

　授業をする上でも，教務部の先生，同じ理科部の福地浩太先生，長良小学校の理
科部で働いてこられた先輩方に授業を見ていただく中で，「先生が引っ張っている
授業だよ」とか，「子どもはそれを本当にやりたいって思っているのかなあ？」とか，
「今日の子どもの導入のときの姿からすると，課題はああではなくて，こちらの課
題の方が，子どもは一時間追求できたのではない？」とかいうように，いろいろな
ご指導をいただいてきました。それによって，昨年度の1学期に，授業で，私が
やりたいとか進めたいって思っていたことをとても出していたなということに気づ
かされました。そのように教えていただいて，本当に子どもがどういうことを思っ
ているのかをまず考えなければいけないなあと，そのときから自分の感覚や構え方
が変わったように思いますね。

みんなで問題を解決していく授業

　私は，大学の専門が地学でしたので，理科授業の切り込み口が地学なだけで，他
の物理・化学・生物の分野と目指すものは一緒なのかなと思っています。

　授業では，子どもたちが45分間の1単位時間の中で，問題を自分たちで解決す
るようにしたいと考えています。つまり，答えを私に出すのではなくて，自分たち
で「ああ，こういうことなんだ」といった一つの発見や解明をしてほしいと何より
も思っています。だから発表のときに子どもが私にしゃべったりした場合には，「私
じゃなくてみんなに伝えないと，みんなが次にどうしゃべっていいかわからないね」
といった話を，どの教科でもするようにしています。私も，みんなで解決していく
ときの一員というイメージで，子どもと一緒に取り組んでいます。だから，私が子
どもの言葉をまとめたりするわけではなくて，子どもたちが互いの発表を聞き合っ
て，一緒につなげたり広げたり深めたりしながら，「結局，今，このこととこのこ
ととこのことが出ているから，まとめるとこういうことじゃない」という発言が徐々
に子どもたちから出るようにしています。

　国語でも算数でも他のどの教科でも，たとえば，最初に，私が「今，いくつに分

けられると思う？」といった話をして、子どもが「二つ」と答えたら、「二つだね。これとこれがあったよね。よく聞き分けられたね」と言って、「今度は、授業の中で、自分たちで今こうやったようにまとめられると思うよ」というようにまとめるようにしていっています。そのように、「自分たちで解決できるよね」ということを何回も繰り返して、子どもたちが自分たちでできるようになっていくことを目指しています。

　こうして、授業では、課題をつくるところから始め、子どもたちが今日解決したいことが課題になるようにしています。その後、課題を解決するために何をすればいいのかを考えることを通して実験をやっていきます。つまり、自分たちで見たいものがあるからこそ見る、という意味での実験です。

　このような中で、子どもの「ありがとう」とか、子どものちょっとした成長とかがすごくうれしかったり励みになったりしています。また、自分はまだまだ教員として短い期間しかやれていませんが、先輩からたくさん教えていただいて、本当にありがたいなと思っています。おかげで、子どもの笑顔やちょっとした変わっていく姿を見るだけで、ああ、やってよかったなあとか、もっとこうしてみようかなあとか思ったりしますね。

　私は、個人研究[12]は、地学の学習に関して進めています。子どもにとって地学事象は身近にあってもなかなか感じられないものといえます。そうした地学現象について、とても壮大なものですが、「地球ってこういう歩みをしてきたんだ。すごいな」とか、「うわっ、こんなことが今まで歴史の中で起きてきたから、今こうなっているんだ」とかいうことを、子ども自身がより感じて太陽や土地について見られるようになってほしいなと願って、この個人研究に取り組んでいます。

「みずのわ」における子どもの自主性と成長

　授業とともに、「ひらがな活動」でも、すべて、私は、本当に子どもが主になるように、子どもがどう思うかとか、どうやりたいって考えるかとかをもとにして、行っていきたいと考えています。

　「みずのわ」も、今年度、6年生をもたせていただいてわかったのですが、結局は6年生が、先生にいわれてやるというのではなくて、自分たちの学校だから自分たちでどんな学校にしたいのかという願いから取り組む活動だということですね。たとえば、あいさつでいっぱいの学校にしたいとか、友達に対してやさしくできる

12　杉野先生の「個人研究」のテーマは、「変化し続ける地学現象をとらえる指導の在り方」である。

みんなになってもらいたいとか，そういうことを大切にする学校にしたいという思いを，4月に拾い上げて，「じゃあ，そういう長良小学校にするためにはどんなことを6年生としてやっていくといいかなあ」から始まるのが「みずのわ」の活動であるわけです。

　こうして，みんなで積極的にいろいろなことに自分から取り組んでいく中で，「友達にやさしく声をかけるのも自分からできる」とか，「あいさつもそうじもやりたいことを一生懸命できるような長良小学校にしたい」といった活動について，6年生が「じゃあ，どういう声かけをしたらそうなるだろう？」というように，少しずつ，目の前にいる四，五人ぐらいの担当の子に働きかけていきます。そして，そのつど，自分がどうやってかかわっていくと，目の前の子を一人一人変えてくことができ，それによって自分たちが4月に願ったような長良小学校の目指す姿になっていけるのかについて，つまり「長良小学校が高まったね」っていえるかどうかの振り返りを行っています。長良小学校の児童会活動は，児童会の委員会の子が，「じゃあ，ちょっと遊びましょう」とか「こういうことをがんばりましょう」とか言ってはいても，結局は先生方が言ったことをそのままやっているというかたちとは，まったく違っていると思います。

　どのような場合でも，もちろん子どもたちにはある程度の苦労はあります。長良では，人とかかわることで，うまくいかなかったり，思った通りになってくれなかったりして，「どうしてなんだろう」って涙しながら必死に考える子が出てきます。私は，そのように子どもたちがそれぞれ人とかかわることを通して自分自身で成長していくと思いますので，子ども自身がどうしたいのかを支えていこうと考えています。そのため，直接「こうしたらどう？」といったこともあまり言いません。子どもが悩んでいたときは，「自分だったらこうするけど」のようなアドバイスはしますけど，私ではなくて子どもたちが解決の方向性を見つけて，それを「いいんじゃない」といったように背中を押してあげるイメージです。

　昨年度は全然わからなったのですけど，今年度，6年生をもたせてもらって思ったのは，6年生の一人一人が本当に悩みながら活動していっているということです。「みずのわ」は，6年生一人一人が担当の子をもって行う活動です。たとえば，1年1組が自分の担当になった子は，1年1組の中で四，五人ぐらいの担当の子がいて，その子たちとずっと1学期から2学期終わりまでかかわりつづけるのです。「みずのわ」の活動もそのグループでやるし，お弁当を食べたり，何かをやったりするのも同じそのグループです。「みずのわ」の活動は木曜日の朝にしかないので，そのときにだけ活動しても仲よくなれるわけは絶対ありません。だから，もっともっと

しゃべれるようになりたい，その子を変えたい，その子に働きかけたいという思いが強くなればなるほど，6年生は休み時間，ひたすらその子たちのところに行くわけです。そのため，6年生の教室は，休み時間，誰もいなくなり，学級遊びもなくなります。6年生の子たちは，自分の担当学級にしきりに足を運びます。15分休み，昼休みはもちろん，教室が近い子は10分休みも毎日行ったり，給食の準備も一緒にやったりします。もうそちらの学級が自分の学級じゃないかって思うぐらい入り込んで，同化して，その子たちとやっと心を通わせたときに初めてちょっと違う関係ができたということを子どもたちは実感するのだと思います。それは，「ああ，心を開いてくれたな」という感覚であったり，今まではなかったことだけど，担当の子から「遊ぼう」っていわれたことがすごくうれしかったということだったりします。そうしたことを励みに，じゃあ今度は，こういう声かけをしてみようっていう，本当に毎日の繰り返しの中で少しずつ担当の子とのかかわりを高めていっているように思います。

　私は，そのように毎日，悩んだり泣いたり考えたりしながら子どもたちが取り組んでいることについて会話ができないかなと思って，クラスの子たちと「交換日記」をしています。その中で，子どもたちは，「実はこういうことがあって」とか，「どうしよう先生」とか，話してくれます。私の方は，「そうかそうか」って聞いて会話したりしながら，6年生が担当の子たちに働きかけることを通して成長していき，他の学年はその6年生の働きかけで変わっていく姿を本当に感じています。

▌▌▌堀田佐和子　4年所属・図画工作専科・少人数指導　教職1年目・長良小学校1年目

子どもの立場を考える

　今年度，4月から，先生として初めてだったので，本当にすべてが学ぶことばかりでした。その中で一番に学んだことといえば，やはり，子どもに寄り添い，子どもの立場を考えるということのように思います。常々いろいろな方々に「ちゃんと子どものことを考えていくといいよ」というふうに言っていただいています。授業一つ考えるのにも，自分はこういう授業をしたいなって思っていても，それって本当に子どもたちの考えに合っているのかなとか，この子どもたちだったら私がこういったときにどういうふうに言ってくれるかなとか，本当に子どものことを考えるのが一番だよっていうように，この一年，教わってきました。このことはいつも私の心の中にあって，いろいろなことに向かっていくとき，まず子どものことを考えるということがあります。

子どもたちを引き込む図画工作科授業

　長良小学校は「研修校」としての使命をもっていますので，正直に言いますと，プレッシャーもとても大きいなと思います。長良では教科で研究を進めているわけですが，私の専門教科の図画工作は，「教科部」としては一人という状態が何年か続いていて，現在は，私しかいません。私自身，真っ白な状態からただ吸収するというかたちですし，授業もよくわかっておらず，まだ担任ももったことがありませんが，やはり目の前の子どもたちのことを考えたら，子どもたちのためにがんばってやっていかなければいけないなといつも思っています。

　図工の授業で研究を進めていくにあたっては，まず長良の子どもたちがすばらしいと感じています。そして，自分が考えた授業について，「みどり会」[13] の先輩である，長良小学校で図工を専門にされた歴代の先生方や，図工にかかわるさまざまな方々に，もっとこうしていくといいよって大変多くのご指導をいただいてきました。昨年 11 月にあった公開の「中間研究会」での授業に向けての準備も，本当に夏ごろからずっと，いろいろこういうようにするといいよ，ああいうようにするといいよって，ご指導をいただきました。そのおかげで，こういうようにすると子どもたちがわくわく楽しくできるということや，特にこの技能があると子どもたちはこういうことができるようなるという細かな部分を考えていくということや，もっとここを増やすと子どもたちはこうしていけばいいんだってもっとわかってくるといったことなど，自分の課題となることを新しく学んで授業を行っていくことができました。私一人ではとてもじゃないですけどできなかったことです。

　11 月の「中間研究会」のときに 4 年生と行った授業「物語の世界へようこそ〜松井さんとふしぎなお客たち〜」では，物語を読んで絵を描くことに取り組みました。4 年生は 1 学期に国語で，あまんきみこ作「白いぼうし」を読んでいます。それをそのまま題材にしてもよかったのですけど，ある方と話をしていて，この「白いぼうし」は，実はあまんきみこさんの短編集『車のいろは空のいろ』に収録された一つの物語ということを知りました。この本に収められた他の物語は，主人公が運転手の「松井さん」である点は同じで，別の出会いをしていくというものになっています。子どもにとっては，こちらの方が，主人公は一緒だけど，新しい物語を聞くという新鮮味があるだろうと考えました。また，国語の教科書にある「白いぼうし」だとすごく絵が載っているわけですが，本当に文字だけで物語を読み聞かせてあげて，そこからどんな世界が広がるだろうかなっていうように思い，題材をこ

───────────────

13 「みどり会」は，長良小学校に過去在職した先輩教師と在職中の教師たちの集まりである。

の短編集の中から「うんのいい話」にすることにしました。

　こうして「中間研究会」での公開授業を考えていくとき，「みどり会」の先輩方がすごく心配してくださり，いろいろなお気遣いをいただきました。図画工作科部の先輩方は本当に優しく温かい方ばかりで，何度も相談に乗ってくださっています。

　たとえば，この公開授業のとき，子どもたちが着彩の活動に取り組んでいるのを脚立に乗って上から眺めるということをやりました。あれは，導入後，しばらくは声をかけず，私が「松井さん」になりきって子どもたちの作業を見守るということでやったものでした。そのとき，私は帽子をかぶっていましたが，それは図画工作科部の先輩から助言いただいたものです。帽子をかぶるといったことは，私では全然思いつきませんでした。子どもたちがただ物語を読んで絵に描くというだけではなく，「うんのいい話」という「松井さん」が釣り人のお客と出会い，不思議な出来事に巻き込まれていくファンタジーの世界に，どっぷりと浸れるためにはどうすればいいんだろうって悩んでいたときに，先輩が，ただ一言，こう言われたのです。「そんなもん帽子かぶっておりゃあええがな」。

　最初にご助言いただいたときは，それだけでいいのかなと思いましたが，実際，全8時間の第1時の読み聞かせのときから，帽子をかぶって，「松井さん」として子どもたちの前に出ていった瞬間から，もう子どもたちが「あ，松井さんだ」ってものすごく入り込んできてくれました。そのとき，たった帽子一つでこんなにも子どもたちって引き込まれるのだなあととても驚きました。

　また，「みどり会」の先輩からは，子どもたちの活動の最初からいきなり見て回るのではなくて，子どもたちを信じて待つのが大事だから，脚立で高いところに上って全体を見るのがいいよって助言いただきました。その後，子どもたちが少し描き進めて，自分の世界に浸り込んでずっと書き続けられるようになってきたころに，どういうように一人一人を見て回ればいいかなって自分の中で決めておいて，脚立から降りて回っていけばいいよっていうことも，先輩からお聞きすることができました。

　このようにして，図工は，子どもたちを引き込む，最初の導入が命だっていうことを学ばせていただいています。先輩方のお話を聞いていると，それこそ「泳ぐ」という絵を描こうとしたときに，実際に先生も海パン一丁になって，椅子の上に立ってこうやって泳ぐまねをしたことがあったとか，ダンボールでザリガニの顔とはさみをつくって，「私はザリガニ隊長だ」って言って最初に登場するとか，とても工夫を凝らして思わず笑ってしまうような導入をされておられますね。やっぱりそういう積み重ねがあって，子どもたちも「わあ，やりたいな」となって，やってくれ

るんだなとわかってきました。

願いを絵で表現する子どもたちの姿

　まだ，担任はもっていませんが，少人数の算数のクラスや図工のクラスを担当していて，少人数の算数では，基礎基本を押さえる授業の中で，子どもたちがわかったというようになってくれたときはうれしいですね。図工も楽しんでくれているとすごくよかったなって思います。

　一年目が終わり，これから長良小学校での自分自身の個人研究[14]を立ち上げていくわけですが，自分が大学で学んできたのが絵だったので，図工だったら絵の方で子どもたちに何かいい授業をつくるということで考えています。

　私は，油絵が好きで，油絵を描いてきました。そのように自分自身が絵を描くのが好きということがあって，それを子どもたちに教えてあげたいなというのがもとになって，今，そのまま絵の授業の研究をしようという気持ちになっています。

　特に，子どもたちが，絵を描くとき，描いている途中でこれ嫌だなっていうようになってしまうのではなくて，やはり最初にこれが描きたいよ，あれが描きたいよっていう願いがあって描いていくという姿が，とてもすてきだなと思っています。だから，まず強い思いをもってそれを絵で表現することに子どもたちが向かっていけるような授業をつくっていきたいなと思っております。

14　堀田先生の「個人研究」のテーマは，「願いを表現につなげる絵画指導」である。

引用・参考文献

◆はじめに

Fadel, C., Bialik, M., & Trilling, B.（Eds.）（2015）. *Four-dimensional education: The competencies learners need to succeed*. Boston: The Center for Curriculum Redesign. 岸 学（監訳）（2016）. 21世紀の学習者と教育の4つの次元—知識，スキル，人間性，そしてメタ学習— 北大路書房

岐阜市立長良小学校（2016）. 平成28年度岐阜市立長良小学校教育課程

野村芳兵衞（1933）. 生活学校と学習統制 厚生閣書店

野村芳兵衞（1950）. あすの子供 岐阜県教育図書

野村芳兵衞（1973）. 私の歩んだ教育の道（野村芳兵衞著作集第8巻） 黎明書房

◆1章

Dewey, J.（1929）. *Sources of a science of education*. New York: Liveright. 杉浦 宏（訳）（1971）. 教育科学の本源 清水弘文堂書房

Elmore, R. F.（2002）. Hard questions about practice. *Educational Leadership*, **59**(8), 22–25.

岐阜大学学芸学部附属長良小学校（編）（1951）. 改訂教育課程 上・下

岐阜県（編）（2003）. 岐阜県史—通史編 続・現代— 巖南堂書店

岐阜県教育委員会（編）（2001）. 岐阜県教育史—史料編 現代六（教育課程 上）—

岐阜県教育委員会（編）（2004）. 岐阜県教育史—通史編 現代一—

岐阜市立長良小学校（編）（1968）. 生きぬきはたらきかける子どもをめざして—3学級3担任制を足場にして—

岐阜市立長良小学校（編）（1990）. 逞しく生きる—長良小の教育—

岐阜市立長良小学校（編）（2015）. 平成27年度岐阜市立長良小学校教育課程

岐阜市立長良小学校みどり会（編）（1984）. みどり会誌 附属五十周年記念—

岐阜市立長良小学校みどり会（編）（2004）. みどり会誌—みどり会七十周年記念—

芳賀雅俊（2015）. 長良小学校が継ぎ，創り，残してきたもの 世界新教育学会（編） 教育新世界 **63**, 12–14.

岸 武雄（1969）. 野村芳兵衞の教育活動 小原國芳（編） 日本新教育百年史 第5巻 中部 pp. 458–461. 玉川大学出版部

永田 保（1984）. 確かな学習過程を求めたころ 岐阜市立長良小学校みどり会（編） みどり会誌—附属五十周年記念— p. 160.

中内敏夫（2000）. 民衆宗教と教員文化 中内敏夫著作集 VII 藤原書店

西脇成紀（2014）. ドロくさい長良 岐阜市立長良小学校みどり会（編） みどり会誌—みどり会八十周年記念— pp. 4–5.

野村芳兵衞（1930）．生活科としての綴方（一）―カリキュラムへの一考察―　綴方生活　**2**(10), 6-11.

野村芳兵衞（1931）．郷土教育の実現と夏休経営　郷土社

野村芳兵衞（1932）．見学記を書かせる綴方指導　小学校　**6**, 16-25.

野村芳兵衞（1933）．生活学校と学習統制　厚生閣書店

野村芳兵衞（1938）．教科組織と綴方科の位置―生活教育のカリキュラム―　綴方学校　**2**, 2-6.

野村芳兵衞（1949）．社会科の正しい位置づけに就いて　岐阜師範学校男子部附属岐阜市長良小学校社会科研究部（編）　第三十回県下小学校研究協議―社会科実践の探究―　p. 3.

野村芳兵衞（1950）．新年度に於ける訓育実践の方向　教育公論　**5**(4), 39-43.

野村芳兵衞（1951）．我が校の教育設計　岐阜大学学芸学部附属長良小学校（編）　改訂教育課程　上　pp. 1-27.

野村芳兵衞（1958）．文を書くことで生活を切り開く　野村芳兵衞・芥子川律治（編）　生活作文の壁　pp. 34-72.　黎明書房

野村芳兵衞（1959）．しらべて，みつけて，はげますこと　生活指導　創刊号, 78-81.

野村芳兵衞（1970）．新教育の嵐と部学校制（昭和二一～二八）　岐阜市立長良小学校（編）　長良小学校百年のあゆみ　pp. 61-79.

野村芳兵衞（1973）．私の歩んだ教育の道（野村芳兵衞著作集第8巻）　黎明書房

野村芳兵衞（1974）．よき習慣とよき自発　岐阜市立長良小学校PTA会報委員会（編）　長良　**162**, 3.

野村芳兵衞（1984）．僕は，当番校長　岐阜市立長良小学校みどり会（編）　みどり会誌―附属五十周年記念―　p. 109.

奥村　勉（1996）．野村芳兵衞先生の生誕百年を迎えて　ゆすら会（編）　生誕百年　芳兵衞先生　pp. 11-16.

奥村　勉（2007）．子どもの側にたった教育　多治見市教育研究所（編）　教育たじみ　**2**(1), 1.

高橋彰太郎（1994）．長良小学校の教育構想と吉岡勲先生　吉岡勲先生遺稿撰集編集委員会（編）　岐阜県地方史研究の巨星―吉岡勲先生遺稿撰集―　pp. 586-599.

柘植弘睦（1996）．先生と私　ゆすら会（編）　生誕百年　芳兵衞先生　pp. 1-10.

梅根　悟（1952）．日本の新教育運動―大正期新学校についての若干のノート―　東京教育大学教育学研究室（編）　日本教育史　pp. 161-291.　金子書房

山住勝広（2017）．拡張する学校―協働学習の活動理論―　東京大学出版会

吉岡　勲（1970）．長良小学校百年の概説　岐阜市立長良小学校（編）　長良小学校百年のあゆみ　pp. 5-13.

◆ 5章

Dweck, C., Walton, G., & Cohen, G.（2014）．*Academic tenacity: Mindsets and skills that promote long-term learning.* Seattle: Bill & Melinda Gates Foundation.

Elmore, R. F.（2005）．Agency, reciprocity, and accountability in democratic education. In S.

Fuhrman, & M. Lazerson (Eds.), *The public schools* (pp. 277–301). New York: Oxford University Press.

Engeström, Y.（2008）. *From teams to knots: Activity-theoretical studies of collaboration and learning at work.* Cambridge: Cambridge University Press. 山住勝広・山住勝利・蓮見二郎（訳）（2013）. ノットワークする活動理論―チームから結び目へ― 新曜社

Engeström, Y.（2009）. The future of activity theory: A rough draft. In A. Sannino, H. Daniels, & K. D. Gutiérrez (Eds.), *Learning and expanding with activity theory* (pp. 303–328). Cambridge: Cambridge University Press.

Engeström, Y.（2015）. *Learning by expanding: An activity-theoretical approach to developmental research* (2nd Edition). New York: Cambridge University Press. 山住勝広（訳）（近刊予定）. 拡張による学習―活動理論からのアプローチ― 新曜社

岐阜県教育委員会（編）（2001）. 岐阜県教育史―史料編 現代七（教育課程下）―

岐阜市立長良小学校（編）（2016）. 平成28年度岐阜市立長良小学校教育課程

Greeno, J. G., & Engeström, Y.（2014）. Learning in activity. In R. K. Sawyer (Ed.), *The Cambridge handbook of the learning sciences* (2nd Edition) (pp. 128–147). New York: Cambridge University Press.

Kelly, S., & Turner, J.（2009）. Rethinking the effects of classroom activity structure on the engagement of low-achieving students. *Teachers College Record*, **111**(7), 1665–1692.

Mehan, H.（1979）. *Learning lessons: Social organization in the classroom.* Cambridge, MA: Harvard University Press.

本巣市立外山小学校（2009）. 緑と水の子ども会議実施報告書 https://www.pref.gifu.lg.jp/sangyo/shinrin/kyoiku-kenkyu/11513/H21ichiran.data/gifu-toyama.pdf（2017年7月9日閲覧）

野村芳兵衞（1929）. 綴文欲求の発生とその指導（二）―純坊の文集に就て― 綴方生活 **1**(2), 30–37.

野村芳兵衞（1950）. 新年度に於ける訓育実践の方向 教育公論 **5**(4), 39–43.

野村芳兵衞（1953）. 考えさせ・わからせる学習指導法 石山脩平・大橋富貴子（共編） 子どもを生かす学習指導法 pp. 69–138. 東洋館出版社

野村芳兵衞（1958）. 文を書くことで生活を切り開く 野村芳兵衞・芥子川律治（編著） 生活作文の壁 pp. 34–72. 黎明書房

野村芳兵衞（1960）. 実践記録を読んで 教育科学. 国語教育 **2**(6), 80–83.

野村芳兵衞（1973）. 私の歩んだ教育の道（野村芳兵衞著作集第8巻） 黎明書房

野村芳兵衞（1974）. よき習慣とよき自発 岐阜市立長良小学校PTA会報委員会（編） 長良 **162**, 3.

大塚弘士（2015）. はじめに 岐阜市立長良小学校（編） 平成27年度研究要録 **39**, 1.

Stefanou, C. R., Perencevich, K. C., DiCintio, M., & Turner, J. C.（2004）. Supporting autonomy in the classroom: Ways teachers encourage student decision making and ownership. *Educational Psychologist*, **39**(2), 97–110.

Stigler, J. W., Fernandez, C., & Yoshida, M.（1996）. Traditions of school mathematics in Japanese and American elementary classrooms. In L. P. Steffe, P. Nesher, P. Cobb, G. A. Goldin, & B. Greer（Eds.）, *Theories of mathematical learning*（pp. 149–175）. Mahwah: Lawrence Erlbaum Associates.

Stigler, J. W., & Hiebert, J.（1998）. Teaching is a cultural activity. *American Educator*, Winter, 1–10.

Выготский，Л．С．（1931/1983）. История развития высших психических функций. В кн. Л. С. Выготский, *Собрание сочинений, Том 3*（С. 5–328）. Москва：Педагогика. 柴田義松（訳）（1970）. 精神発達の理論 明治図書

渡辺千俊（1999）. 野村芳兵衛授業に見る生活科の黎明―外山小学校『野山学校』の成立に関わって― 岐阜県歴史資料館（編） 岐阜県歴史資料館報 **22**, 267–287.

山住勝広（1998）. 教科学習の社会文化的構成―発達的教育研究のヴィゴツキー的アプローチ― 勁草書房

山住勝広（2017）. 拡張する学校―協働学習の活動理論― 東京大学出版会

◆6章

岐阜市立長良小学校（編）（1990）. 逞しく生きる―長良小の教育―

岐阜市立長良小学校みどり会（編）（1984）. みどり会誌―附属五十周年記念―

岐阜市立長良小学校みどり会（編）（2004）. みどり会誌―みどり会七十周年記念―

岐阜市立長良小学校みどり会（編）（2014）. みどり会誌―みどり会八十周年記念―

野村芳兵衞（1973）. 私の歩んだ教育の道（野村芳兵衞著作集第8巻） 黎明書房

◆7章

岐阜大学学芸学部附属長良小学校（編）（1951）. 改訂教育課程 上

岐阜市立長良小学校（編）（1990）. 逞しく生きる―長良小の教育―

岐阜市立長良小学校みどり会（編）（1984）. みどり会誌―附属五十周年記念―

野村芳兵衞（1950a）. 新年度に於ける訓育実践の方向 教育公論 **5**(4), 39–43.

野村芳兵衞（1950b）. どうすれば児童を融和・協同させることが出来るか？ 教育技術 **5**(2), 28–30.

野村芳兵衞（1950c）. 日本新教育運動史のひとこま―『児童の村』小学校前主事 野村芳兵衞氏をたずねて― 日本生活教育連盟（編） カリキュラム **20**, 64–65.

野村芳兵衞（1952）. わが校における部制について 初等教育資料 **30**, 18–19.

野村芳兵衞（1973）. 私の歩んだ教育の道 野村芳兵衞著作集第8巻 黎明書房

索　引

おわりに

　あらゆる出会いは奇跡の賜物であるが，本書もまた，奇跡といえる偶然の重なりによってもたらされた出会いのおかげで，生み出されたものといえる。そのような奇跡的な出会いは，野村芳兵衞という歴史上の教師に深く感化されたことに始まる。野村の教育思想に関する文献研究から少し横道にそれ，彼が戦後新教育の時代に帰郷して校長を務めた学校を一度訪ねてみて，彼がかつて働いた同じ場所で何か痕跡のようなものを感じられたらと思ったことが，予想だにしなかった教育の世界との出会いに恵まれることにつながったのである。その学校が，岐阜市立長良小学校である。

　私は，野村の教育思想の中心にあるのは，あらゆる子どもたちが，よりよく生きようとするかけがえのない人間であるとする，人間性の発達可能性に対する全幅の信頼だととらえている。この信念ゆえに野村は，教育が，子どもたち一人一人の内面に生きていくことへの願いを呼び起こしていくために不可欠の，下からの仲間づくりにほかならない，と考えるのである。長良小学校への最初の訪問は，こうした野村の教育思想が，文献資料の中ではなく，現実の教師と子どもたちの学習と教育の実践において今も生き続けていることを直感させるものだった。しかし，その直感が確信に変わったのは，二度目に長良小学校を訪ねた，研究発表会の日，次のような場に遭遇したときだった。

　それは，たまたま，公開授業ではなく，その時間帯に自習となっていたクラスの横を通りがかり，開け放たれた教室の子どもたちの様子に吸い込まれるようにして入ったときのことである。そこで目にした6年生の子どもたちの姿は，いわゆる自習のイメージをはるかに超えたものだった。教師のいない教室では，子どもたちが，学級全体で，社会科の単元「世界に歩み出した日本」の授業をしていたのである。「豊かに見える生活の中でなぜデモや打ちこわしが起こったのだろう」という課題について問いかける教師役の子どもに，クラスの子どもたちが次々と教科書や資料集にもとづき自らの考えを発表し，協働の問題解決に教師の手を離れて自分たちだけで取り組む熱心な姿がそこにはあった。子どもたちの思考と話し合いの流れは，板書係の子どもによって黒板にまとめられ，関連する写真資料が要点ごとに貼られていった。教師こそそこにはいないが，子どもたち自身で考え合う学習が協働

的に組織化されていたのである。

　公開授業と自習は半数ずつの学級が交代して行われていたが，6年生のこのクラスだけでなく，その時間帯に自習となっていたすべての学年・学級で子どもたちは，まさに「自分から（自主）」「仲間とともに（連帯）」「工夫して（創造）」「最後まで（健康）」やりぬく姿を見せていた。それを目の当たりにした私は，自分の中で衝撃にも似た教育観の転換を覚えたのだった。30年近く学校教育の研究をしてきたにもかかわらず，このとき初めて，実在する本物の学校教育に出会えたと間違いなく思えたのである。長良っ子たちのこの姿こそ，野村が彼の生活教育の思想をまとめ上げた言葉，「守り合っておちつき」「助け合ってたのしみ」「教え合ってはげむ」を今日において具現化するものであるといえるだろう。長良小学校において現在，実現されているそうした教育実践との出会いによってもたらされた確信が機縁となって，野村芳兵衞から長良小学校への人間教育の道のりを辿る，歴史的であると同時に現代的な旅を始めることができたのである。また，そのおかげで私は，長良小学校が体現する，日本の学校が今日まで創造してきた最良の教育に気づかされ，心揺さぶられ，その歴史の中に身を置くという幸いに恵まれたのだった。

　私は，2014年4月から2017年7月の現在まで，長良小学校を26回訪ね，日数にして39日にわたる教育活動を参観させていただいた。訪問のたびにまったく自由に，どの学年でも，どの学級でも，どの教科の授業でも，どの「ひらがな活動」でも，その場へ入っていって，教師と子どもたちの実践に親しく浸らせていただいている。長良小学校では，特別に計画・準備された公開授業や研究授業だけでなく，むしろ日常のすべての教育活動に対する参観が，いつでもオープンに受け入れられている。現在の公立学校が置かれた厳しい環境や条件からすれば，大学の教育研究者を含む外部からの参観に完全に開かれたこのようなあり方は，他にあまり例を見なくなっているだろう。

　それ以上に驚きであるのは，長良小学校が，そうした外部からの「視察や研修」を，日々の実践と取り組みの「節目や評価の場ととらえ，積極的に受け入れていく」として，自ら主体的な意志をもって授業公開を位置づけていることである。本書で明らかにすることを試みたように，長良小学校は，高い知的な質をもつとともに一人一人の個性を最大限に尊重して人間的な仲間づくりに取り組む学習を，子どもたちの中につくり出している学校である。そうした子どもたちの知的かつ人間的に高い質をもった平等な学習は，ほかならぬ教師たち自身の学び合いの活動に支えられているのである。言いかえれば，子どもが学ぶ学校は，教師が学ぶ学校であるから

こそ可能になっている。

　長良小学校では、「目の前の子どもをおろそかにしないこと」に最大の配慮をもちつつ、教師が活発に互いの授業や活動を日常的に参観し合っている。そして、インフォーマルな会話を含め、子どもや教育、授業や実践に関する見方・考え方を自由に交換するリフレクティブなコミュニケーションがさまざまな時・場所で積極的に行われている。こうした教師相互の学び合いが、子どもたちの学習を支えるための共通の言葉を教師間に生み出し、そのことが子ども観や教育観をともに構築し共有していくことにつながっている。そして、長良の教師たちは、「子どもに力をつけ、子どもの姿で示す」という実践に裏づけられた教育研究に日々、個人的であると同時に集団的に取り組んでいるのである。

　だからこそ、長良の教育は、野村が「日本に育って来た土臭い土着の生活教育」と呼んだように、外からトップダウンにもち込まれた流行の用語や考えに依存した学校改革とは根本的に一線を画し、教師たちが目の前の子どもたちとともに自分たちで下からつくり出してきた、優れて民主的で独創的なものなのである。そのようにして長良小学校は、一過性のものではなく、歴史の風雪に耐えてきた、一貫性と体系性と持続性をもつ、学ぶことの強力な文化を、学校の中に協働して創造してきたのである。長良小学校は教師が自ら子どもや同僚と学び合う学校である。これこそが現代の学校改革にとって最大限有望な道筋ではないだろうか。本書が最も提起したかったことの一つは、その点にある。

　長良小学校の職員室には、もちろんそれぞれの個人机はあるが、その机の上には一切何も置かれていない。私は、このような職員室の風景を他の学校で見たことはない。野村は、「私は、生活指導は協力だと考えていたのだから、まず何よりも、子どもたちと一しょに生活することに努めた」と述べている。まさに長良小学校の教師たちは、毎日、始業時間から終業時間まで、ずっと教室で子どもたちと一緒に生活し、学校教育の世界を友情と協力にあふれた仲間づくりの世界へと創造的に転換しているのである。私は、教育研究者として、野村芳兵衛の目に見えない案内によって、長良小学校の先生方、長良教育の創造に献身された元先生方、そしてたくましい長良っ子たちに出会えた幸いを思わずにはいられない。温かく、さわやかに、守り合い、助け合い、そして励まし合って安心し、純に生きる日々のくらしを築いていく学校に、そう出会えたものでは決してないからである。

　本書は、こうした出会いが重なり合うことによって、つくり出すことができたものであり、その幸運に何よりも感謝するものである。

2014年度から長良小学校の校長を務められている大塚弘士先生からは，本書刊行に対し，企画段階から全面的な信頼をおよせくださり，ご賛同をいただいてきた。大塚校長からの温かいご支援がなければ，本書の刊行はまったく不可能であった。刊行によせての序文までご執筆いただき，ご厚情に心から深く感謝申し上げる次第である。本書の基盤となっている研究活動にかかわっても，学校を訪問させていただいた折にはいつも，学校運営にご多忙を極めておられるにもかかわらず，開かれた校長室で教育をめぐる語らいの時間を過ごさせていただいている。この貴重な機会を通して私は，大塚先生の柔軟で自由な発想，穏やかに本質を見つめるまなざし，意志ある連帯に向けられた姿勢にとても触発されている。オーストラリアの大学の研究者と長良小学校を訪問したとき，彼がびっくりしながら次のように私に告げたことがある。「この学校は本当にすばらしい。朝，始業前に校長が校庭を掃除していて，子どもたちと言葉を交わしている。こんな学校はオーストラリアに一つもない」と。大塚先生は自然にされておられることであると思うが，この姿は，伝聞されている往時の野村芳兵衛校長とまったく同じである。

　2014年度と2015年度には，教頭の小出直弘先生（現・岐阜市教育委員会指導主事），2016年度からは現教頭の遠藤由康先生，2014年度の教務主任・芳賀雅俊先生（現・岐阜市教育委員会指導主事），2015年度・2016年度の教務主任・後藤靖弘先生（現・岐阜市教育委員会指導主事），そして2017年度からは現教務主任・猪又昌宏先生に，本書刊行にあたり絶大なお力添えをいただきましたこと，心から厚く御礼申し上げたい。長良小学校のすべての教職員の成長を励まし，ともに日々の教育実践・教育研究を引っ張られてきたこれらリーダーの先生方自身が，まさに「子どもの側に立つ」長良の教育を体現され，その志ある創造的継承にご尽力されている。長良教育に対して先生方から受けることのできた，高い質をもち情熱にあふれた洞察と実践に裏打ちされた説明のおかげで，よりよく生きようとするかけがえのない人間を育む教育の本質に，根底から気づかされることができた。

　長良教育を具現化する日常の実践に，いつも身近に触れることのできる機会を快くいただいている長良小学校の先生方に心から深く感謝申し上げたい。毎日，長良っ子たちの心に深く入り込み，その発達可能性を信じきり，迷いと葛藤を抱えながらも願いをもって全力で長良っ子たちに呼びかけ，長良っ子たちの自主と連帯と創造と健康を励ましておられる先生方の姿に，何度も何度も感動し，子どもたちにとっての教師という存在を見つめ直させていただいた。また，実践に裏打ちされ，「子どもに力をつけ，子どもの姿で示す」ことを自らに課された先生方のご研究から，多大な刺激をいただき，実践に生かすことのできる教育理論について根本的に気づ

かされることにもなった。私は，長良の明るく，すがすがしい先生方のおかげで，野村芳兵衞が目指した，子どもたちと「同行」する教師，連帯して一緒に生きる教師の姿を，心の底から実感をもって信じることができるようになった。

　本書は，企画に対して温かいご理解と励ましをいただいた，北大路書房の薄木敏之さんの優れた編集作業のおかげで刊行まで至ることができたものである。理論や歴史に重きを置いた探究と実践に裏打ちされた追求とをどのように有機的につなぎ，本書に一貫性をもたせるかという構成上の難しい課題に対し，薄木さんからは多くの有意義なご提案をいただくことができた。本書において理論と実践をつなぎ，読者の視点に立っての読みやすさが実現されているとすれば，それはひとえに薄木さんの卓越した編集によるものである。本当にありがたく厚く御礼申し上げたい。

　なお，本書のうち山住勝広の執筆担当部分については，2015年度日本教育公務員弘済会本部奨励金と2016年度〜2018年度科学研究費（研究代表者：山住勝広，課題番号：16K04508）の支援を受けた。記して感謝したい。

　最後に，本書をお読みいただき，長良教育に心を動かし関心をおよせいただいた方々には，ぜひとも長良小学校を直接お訪ねいただき，その教育実践に触れていただければと願っている。私の知る限り，長良小学校は，最もパブリックに開かれた学校の一つである。そこでの学校訪問は全面的に歓迎されており，自由でさわやかな参観がいつも可能になっている。

　長良小学校の連絡先とホームページは次の通りである。長良小学校では，毎年度10月に研究発表会が開催されている。ホームページには，「長良っ子の日常の学習や生活をご覧ください」と記された学校参観の申込ページがあり，研究発表会に限らず，いつでも自由な学校参観が受け付けられている。

　　岐阜市立長良小学校
　　〒502-0071　岐阜市長良259番地
　　TEL: 058-232-2119
　　FAX: 058-232-2120
　　Email: gisyo11@nagara-e.gifu-gif.ed.jp
　　http://cms.gifu-gif.ed.jp/nagara-e/

本書の刊行は，長良小学校の教育をより広く社会に伝え発信したいと願ったものであるが，そこ長良に，特別な施設・設備や教育のプログラムややり方があったり，有名な教師がいたりする，というわけではない。その意味では長良は普通の公立小学校である。長良に特別なものがあるとするならば，それは子どもたちと教育の力をとことん信じきる力強い理念と志であり，それを語り合い，共有することによって互いに連帯していく仲間たちである。本書がそのような理念と志を共有する仲間づくりを広げていくきっかけと手かがりに少しでもなりうるならば，これにすぐる喜びはない。

2017 年 7 月

山住　勝広

執筆者紹介

岐阜市立長良小学校 （ぎふしりつながらしょうがっこう）

　　　　　　　　　　── 企画・編集協力　2章・3章・4章

山住勝広 （やまずみ・かつひろ）

　　　　　── 編者　はじめに・1章・5章・9章・10章・おわりに

1963年神戸市生まれ。関西大学文学部教授。

博士（学術）（神戸大学）。専門は，教育方法学，活動理論。

著書に，『教科学習の社会文化的構成』（勁草書房，1998），『拡張する学校』（東京大学出版会，2017），『ノットワーキング』（共編著，新曜社，2008），*Learning and Expanding with Activity Theory*（分担執筆，Cambridge University Press，2009），*Learning and Collective Creativity*（分担執筆，Routledge，2013），*Improving Reading and Reading Engagement in the 21st Century*（分担執筆，Springer，2017），ほか。

冨澤美千子 （とみざわ・みちこ）

　　　　　　　　　　　　　　── 6章・7章・8章

1966年東京都生まれ。横浜美術大学教職課程教授。

修士（人間科学）（大阪大学）。専門は，教育哲学，教育思想史。

著書に，『学びあう食育』（共著，中央公論新社，2009），論文に，「野村芳兵衛における宗教観を基盤にした生活カリキュラムの構想──池袋児童の村小学校から岐阜市立長良小学校への連続的発展」（世界新教育学会『教育新世界』**61**，2013），「教師の語りと教育システムの継承──岐阜市立長良小学校時代の野村芳兵衛と『部制』の実践をめぐるインタビューの分析」（『関西教育学会年報』**39**，2015），「野村芳兵衛の綴方教育における『仲間づくり』の意義と重要性」（日本カリキュラム学会『カリキュラム研究』**25**，2016），ほか。

子どもの側に立つ学校

生活教育に根ざした主体的・対話的で深い学びの実現

2017 年 10 月 10 日　初版第 1 刷印刷
2017 年 10 月 20 日　初版第 1 刷発行

編著者　　山 住 勝 広
発行所　　㈱北 大 路 書 房

〒603-8303　京都市北区紫野十二坊町 12-8
　　　　　　電話　　(075) 431-0361 ㈹
　　　　　　FAX　　(075) 431-9393
　　　　　　振替 01050-4-2083

©2017　　　　印刷・製本／亜細亜印刷㈱
検印省略　落丁・乱丁本はお取り替えいたします。
ISBN 978-4-7628-2999-4　　　　Printed in Japan